**Der Pavillon**
| **The Pavilion**

# Der Pavillon
## Lust und Polemik in der Architektur
# | The Pavilion
## Pleasure and Polemics in Architecture

Herausgegeben von | Edited by
Peter Cachola Schmal

HATJE CANTZ    DAM DEUTSCHES ARCHITEKTURMUSEUM

**Inhalt | Contents**

Vorwort | Foreword

**Pavillon**
Zwischen Lusthäuslein und Polemik
| **Pavilion**
  Between Lusthäuslein and Polemics
Peter Cachola Schmal | → 6 |

Essays | Essays

**Der Pavillon und die erweiterten Möglichkeiten von Architektur**
| **The Pavilion and the Expanded Possibilities of Architecture**
Barry Bergdoll | → 12 |

**Der Pavillon**
Eine Geschichte der beständigen Vergänglichkeit
| **The Pavilion**
  A History of Enduring Transience
Kerstin Bußmann | → 34 |

**Die Pavillonisierung der Architektur**
| **The Pavilionization of Architecture**
Nikolaus Hirsch | → 52 |

**Jenseits von Pavillons**
Architektur als Maschine zum Sehen
| **Beyond Pavilions**
  Architecture as a Machine to See
Beatriz Colomina | → 64 |

**Pavillons**
Ein Interview von Karen Murphy
| **Pavilions**
  An Interview by Karen Murphy
Ben van Berkel | → 80 |

**Wie man diese Öffnungen füllt und andere Formen des Verlangens in der Architektur**
Gestaltungsmöglichkeiten in Architekturentwürfen
| **How to Fill These Holes and Other Forms of Desire in Architecture**
  Structuring Potentials in Architectural Design
Johan Bettum | → 92 |

Projektbetrachtungen | Project Analyses

**Eine kurze Geschichte ausgewählter Architekturpavillons**
Projektbetrachtungen der Architekturklasse der Städelschule
| **A Brief and Select History of Architectural Pavilions**
   Project Analyses by the Städelschule Architecture Class
Städelschule Architecture Class | → 104 |


DAM-Pavillon | DAM Pavilion

**DAM-Pavillon 2006 bis 2008**
Ein Versuch über die Mach- und Baubarkeit eines Pavillons
| **DAM Pavilion 2006 to 2008**
   An Attempt at Producing and Building a Pavilion
Christian Brensing | → 142 |

**Zwischen dem Spekulativen und dem Pragmatischen**
| **Between the Speculative and the Pragmatic**
Frank Barkow & Regine Leibinger | → 170 |

**Die Entwicklung ephemerer Leichtbauten am Beispiel des DAM-Pavillons**
| **The DAM Pavilion and the Design of Ephemeral Lightweight Structures**
Werner Sobek & Wolfgang Sundermann | → 180 |

Dank | Acknowledgments
| → 186 |

Kurzbiografien | Biographies
| → 188 |

Bildnachweis | Image Credits
| → 191 |

**Pavillon**
Zwischen Lusthäuslein und Polemik
| **Pavilion**
  Between Lusthäuslein and Polemics

Peter Cachola Schmal

PAVILLON, *m.*

1) zeltdach, zelt, garten-, lusthaus, seitenflügel eines palastes mit zeltförmigem dache, mhd. pavilun, pavelun, contrahiert poulun, n. und pavelûne, poulûne, f., mnd. pauwelûn, paulûn aus franz. pavillon und dieses aus mlat. papilio, ein dem fliegenden schmetterling (lat. papilio) ähnlich ausgespanntes zelt. DIEZ 4 231. vergl. SCHULTZ höf. leben 2, 215. 217: ein cleins gezeltlein, ein pablion genant. das reisebuch der familie Rieter (15. jh.) 86; (im garten) ein prächtiger pavillon. WIELAND 12, 35;

dieser schlüssel öffnet / die hintern zimmer im pavillon (*viersilbig* = pavillion) / der königin. SCHILLER 5, 1, 87 (*don Carlos* 2, 5);

im linken / pavillon war feuer. 171 (3, 4);

schlagt den pavillon auf unter dem baumschatten. FREYTAG *ahnen* 3, 78; die fernen aber hellherglänzenden pavillons. J. PAUL *flegelj.* 4, 28. -- *nautisch:* paviljuhn, *eine art verdeck auf kleinen fahrzeugen, namentlich auf spieljachten, die uns zum vergnügen dienen.* BOBRIK 524a.

2) fliegende fahne, flagge. EGGERS kriegslex. 2, 367.

*(Deutsches Wörterbuch von Jacob Grimm und Wilhelm Grimm,* 16 Bde. (in 32 Teilbänden), Leipzig 1854–1960 (Quellenverzeichnis 1971), Bd. 13, Sp. 1516.)

PAVILION, *m.*

1) *tented roof, tent, garden house, lusthaus, the wing of a palace with a tented roof, MHG.* pavilun, pavelun, *contracted* poulun, *neuter and* pavelûne, poulûne, f., *MLG.* pauwelûn, paulûn *from French* pavillon *and this from Med. Lat.* papilio, *a tent stretched out like a flying butterfly (Lat.* papilio) DIEZ 4 231. *see* SCHULTZ *Höf. Leben* 2, 215.217: *a small, diminutive tent, termed* pablion. *travel log of the Rieter family (15th century)* 86; (*in the garden*) *a magnificent pavillion.* WIELAND 12, 35;

this key opens the farthest apartments / of the queen's pavilion (*four syllabic* = pavillion). SCHILLER 5, 1, 87 (*Don Carlos* 2, 4);

the pavilion on the left was ablaze. 171 (3, 4);

pitch the pavilion under the shade of the trees. FREYTAG *Die Ahnen* 3, 78; the distant yet brightly shining pavilions. J. PAUL *Flegelj.* 4, 28—*nautical*: paviljuhn, *a type of canopy top for small vessels, i.e. for pleasure yachts, which makes our voyage enjoyable.* BOBRIK 524a.

2) *flying flags, banners.* EGGERS *Kriegslex.* 2, 367

(*Deutsches Wörterbuch von Jacob Grimm und Wilhelm Grimm,* 16 vols. (in 32 volume parts), Leipzig 1854–1960 (bibliography 1971), vol. 13, col. 1516.)

Architecture has been preoccupied with the pavilion for quite some time. It remains an intriguing and captivating subject. No other building type can make such fundamental statements in a smaller amount of space. That it often only exists for a brief period is also a great advantage of its design. In celebration of its twenty-fifth anniversary in summer 2009, the Deutsche Architekturmuseum (DAM) wanted to erect a temporary pavilion, not on its own (non-existent) grounds, but in the not-so-distant park of the Museum of Applied Arts, in a triad with Richard Meier's freshly renovated cubes and Kengo Kuma's ephemeral, pneumatic Tea Pavilion. The design by Berlin architects Barkow Leibinger and Stuttgart-based engineers Werner Sobek envisaged an airy structure of curved steel tubes and translucent skin, grouped around a small tree in the center, and intended for all varieties of summer events. Taking a cue from the business plan of the Serpentine Gallery Pavilions in London, the entire project was to be underwritten. Unfortunately, in October 2008, the financial crisis impinged and major financial institutions rescinded their funding. Abruptly, one and a half years of work came to a halt.

Das Thema Pavillon beschäftigt die Architektur schon lange und es bleibt weiter virulent. Kein anderer Bautyp ermöglicht so grundsätzliche Aussagen auf kleiner Fläche und ist zudem oft nur von kurzer Dauer, was für den Entwurf von großem Vorteil ist. Anlässlich seines 25. Jubiläums im Sommer 2009 wollte das Deutsche Architekturmuseum (DAM) einen temporären Pavillon errichten, nicht auf dem (gar nicht vorhandenen) eigenen Grund, sondern im Park des nicht weit entfernten Museums für Angewandte Kunst, im Dreiklang mit Richard Meiers frisch renovieren Kuben und dem ephemeren, pneumatischen Teepavillon von Kengo Kuma. Der Entwurf der Berliner Architekten Barkow Leibinger und der Stuttgarter Ingenieure Werner Sobek sah ein leichtes Gebilde vor, aus gebogenen Stahlrohren mit transluzenter Haut, um einen kleinen Baum in seiner Mitte gruppiert, und im Sommer für allerlei Veranstaltungen gedacht. Das Ganze sollte komplett gesponsert werden, nach dem wirtschaftlichen Modell der Londoner Serpentine Gallery Pavilions. Leider kam im Oktober 2008 die Finanzkrise dazwischen und große Finanzinstitute zogen ihre Förderung zurück. Anderthalb Jahre Arbeit kamen abrupt zu einem Ende.

Der Berliner Kritiker und Projektleiter des DAM-Pavillons, Christian Brensing, fasst in dieser Publikation die Genese des Projektes zusammen. Auch die beiden Entwurfspartner, die Architekten Frank Barkow und Regine Leibinger (Essay »Zwischen dem Spekulativen und dem Pragmatischen«) sowie die Ingenieure Werner Sobek und Wolfgang Sundermann (Essay »Die Entwicklung ephemerer Leichtbauten am Beispiel des DAM-Pavillons«) schildern ihre Herangehensweise. Der Hintergrund war ihre konstruktive Zusammenarbeit für zwei pavillonartige Bauwerke für das Ditzinger Technologieunternehmen TRUMPF GmbH + Co. KG: die Pforte mit ihrem spektakulär weit auskragenden Dach und das Betriebsrestaurant als schwebendes Blätterdach über einer Mulde. Schon zuvor hatten beide Planer Erfahrungen mit der Typologie des Pavillons machen können: Barkow Leibinger mit ihrem 2008 zusammen mit Studenten errichteten Pavillon für den Marcus Prize der School of Architecture and Urban Planning an der University of Wisconsin-Milwaukee, und Werner Sobek unter anderem 2005 mit dem skulpturalen Pavillon *syn chron* von Carsten Nicolai und LIN Finn Geipel und Giulia Andi in der Neuen Nationalgalerie Berlin, sowie 2006 mit einem Pavillon als Altarüberdachung für den ersten Deutschlandbesuch von Benedikt XVI. in München. Für ihr Engagement und ihr Vertrauen in das DAM sei ihnen an dieser Stelle gedankt, besonders dem Projektarchitekten Lukas Weder von Barkow Leibinger, Wolfgang Sundermann und Oliver Englhardt von Werner Sobek sowie den beiden Planungskoordinatoren Farshad Arshadi und Andreas Seuß von Drees & Sommer in Frankfurt.

LUSTHÄUSLEIN, n.: (*dasz die bürger gebäude vor der stadt*) abstellen und abthun sollen, ausgenomen der lusthewszlin; der mag yemant eins und nit mer in seinem garten haben. *Nürnberger pol.-ordn.* 293 (*von* 1465).

(*Deutsches Wörterbuch von Jacob Grimm und Wilhelm Grimm,* Bd. 12, Sp. 1339.)

In this publication, the Berlin-based critic and Project Director of the DAM Pavilion Christian Brensing explores the genesis of the project. Also, providing an account of their approaches are the design partners, architects Frank Barkow and Regine Leibinger (Essay "Between the Speculative and the Pragmatic") as well as engineers Werner Sobek and Wolfgang Sundermann (Essay "The DAM Pavilion and the Design of Ephemeral Lightweight Structures"). Previously, both teams had collaborated constructively on two pavilionesque structures, the entrance gates for the Ditzingen-based technological firm TRUMPF GmbH + Co. KG, with its spectacular cantilevering roof, and the staff restaurant resembling a canopy of leaves floating over a ravine. Both planners were already experienced with the typology of the pavilion. In 2008, Barkow Leibinger had erected a pavilion with students, coinciding with the Marcus Prize of the School of Architecture and Urban Planning at the University of Wisconsin-Milwaukee; Werner Sobek had worked on, among others, the sculptural pavilion *syn chron* by Carsten Nicolai and LIN Finn Geipel and Giulia Andi at the Neue Nationalgalerie in Berlin in 2005, as well as a pavilion as an alter canopy for the first visit to Germany by Benedict XVI in Munich in 2006. Much gratitude goes to them for their involvement and the trust they showed in the DAM. Special thanks goes to Project Director Lukas Weder from Barkow Leibinger, Wolfgang Sundermann, and Oliver Englhardt from Werner Sobek along with planning coordinators Farshad Arshadi and Andreas Seuß from Drees & Sommer in Frankfurt am Main.

LUSTHÄUSLEIN, *neuter:* (*that citizens on the outskirts of the city*) should dismantle and remove, with exception of the lusthewszlin; of which no one shall have more than one in his garden. *Nürnberger pol. ord.* 293 (*from* 1465).

(*Deutsches Wörterbuch von Jacob Grimm und Wilhelm Grimm,* vol. 12, col. 1339.)

In an effort to present not just the experimental DAM Pavilion, a very design-oriented and practical work, given its constructional approach, we teamed up with the Städelschule Architecture Class (SAC) under the direction of Ben van Berkel and Johan Bettum. Both instructors had been engaged in an extensive theoretical examination of the pavilion with their post-graduate students for over a year. The results of their research will be presented on a three-dimensional, free-formed wall matrix along the lengthwise walls of the DAM. Karen Murphy interviews Ben van Berkel, who is reflecting UNStudio's pavilion construction The Changing Room which was considered to be among the most exciting installations at the 2008 Venice Bienniale of Architecture. In his essay, "How to Fill These Holes and Other Forms of Desire in Architecture," Johan Bettum considers the perspectives and problems of contemporary pavilion architecture.

Um nicht nur den experimentellen DAM-Pavillon zu präsentieren, eine sehr entwerferische und wegen des Bauansatzes pragmatische Arbeit, haben wir uns mit der Städelschule Architecture Class (SAC) unter der Leitung von Ben van Berkel und Johan Bettum zusammengetan, die seit einem Jahr mit ihren Post-Graduate-Studenten auf theoretischer Ebene das Phänomen Pavillon durchdringen. Das Ergebnis ihrer Recherche wird auf einer dreidimensional frei geformten Wandmatrix entlang der Längswände des DAM präsentiert werden. Ben van Berkel, dessen Pavillon The Changing Room auf der 11. Architekturbiennale Venedig 2008 zu den spannendsten Installationen gehörte, wird von Karen Murphy zur Pavillonproduktion von UNStudio interviewt und Johan Bettum erörtert in seinem Essay »Wie man diese Öffnungen füllt und andere Formen des Verlangens in der Architektur« die Perspektiven und Problematiken der zeitgenössischen Pavillonarchitektur.

Die Frankfurter Kunsthistorikerin Kerstin Bußmann geht in ihrem Essay »Der Pavillon. Eine Geschichte der beständigen Vergänglichkeit« weiter zurück in die europäische Rezeptionsgeschichte des Pavillons und folgt den Sehnsüchten der ersten Asienreisenden und ihren wundersamen Erzählungen, die sich später in adligen Staffagebauten niederschlugen, sich besonders bei Weltausstellungen materialisierten und bis in die Moderne erstreckten. Barry Bergdoll, Philip Johnson Chief Curator of Architecture and Design am New Yorker Museum of Modern Art, nimmt den Faden hier auf und verfolgt in seinem Essay »Der Pavillon und die erweiterten Möglichkeiten von Architektur« die Entwicklung des Pavillons innerhalb der Moderne, vom wichtigstem Pavillon des Jahrhunderts – Ludwig Mies van der Rohes Barcelona-Pavillon 1929 – bis hin zum diesjährigen Serpentine-Pavillon von SANAA Architekten. Beatriz Colomina, Gastprofessorin an der Städelschule sowie Architekturhistorikerin an der Princeton University, vertieft die zeitgenössischen Aspekte anhand der Arbeiten des architektonisch bauenden New Yorker Künstlers Dan Graham in ihrem Essay »Jenseits von Pavillons. Architektur als Maschine zum Sehen«. Ebenfalls zeitgenössisch, aber eher im experimentellen Bereich arbeitend, beschreibt der Frankfurter Architekt und ebenfalls Gastprofessor der Städelschule Nikolaus Hirsch seinen transdisziplinären Ansatz in dem Essay »Die Pavillonisierung der Architektur«, der ihn von theoretischen Auseinandersetzungen an der Architectural Association in London bis hin zu improvisierten, lokal gefertigten Pavillons in Thailand und Indien führt.

POLÉMIK, f. wissenschaftliches wortgefecht und die kunst desselben; im 18. jahrh. entlehnt aus franz. polemique vom griech. πολεμικη (nämlich τεχνη), die kriegskunst [...].

(*Deutsches Wörterbuch von Jacob Grimm und Wilhelm Grimm,* Bd. 13, Sp. 1978.)

The Frankfurt-based art historian Kerstin Bußmann delves in her essay "The Pavilion: A History of Enduring Transience" further into the European historical reception of the pavilion, and follows the yearnings of the first travelers to Asia and their wondrous narratives, which were later reflected in aristocratic staffage constructions, rematerialized at world expositions in particular, and whose influences have transcended into the modern age. Barry Bergdoll, Philip Johnson Chief Curator of Architecture and Design at The Museum of Modern Art in New York, picks up the theme in his essay "The Pavilion and the Expanded Possibilities of Architecture" and follows the development of the pavilion during the modern era, from the most important of the century—Ludwig Mies van der Rohe's 1929 Barcelona Pavilion—to this year's Serpentine Pavilion by SANAA architects. In her essay "Beyond Pavilions: Architecture as a Machine to See," Beatriz Colomina, guest professor at the Städelschule as well as architectural historian at Princeton University, explores contemporary aspects of the pavilion via the architectonic works of New York artist Dan Graham. Working in a highly experimental realm, but just as contemporary is how the Frankfurt-based architect and Städelschule guest professor Nikolaus Hirsch describes in his essay "The Pavilionization of Architecture" his trans-disciplinary approach that led him from various theoretical discussions at the Architectural Association in London, to improvised, locally fabricated pavilions in Thailand and India.

POLEMICS, *f. scholarly debate and the art thereof; in the eighteenth century derived from the French* polemique *from the Greek* πολεμικη (*i.e.* τεχνη), *the art of war….*

(*Deutsches Wörterbuch von Jacob Grimm und Wilhelm Grimm*, vol. 13, col. 1978.)

**Der Pavillon und die erweiterten
Möglichkeiten von Architektur
| The Pavilion and the Expanded
  Possibilities of Architecture**

Barry Bergdoll

Seinen Ursprung hat der Pavillon in Festen, Festivals und Bällen – er ist immer ein Raum für Fantasien gewesen: ein Raum für Architekturdesigner, für Auftraggeber und für Besucher. Die etymologische Wurzel des Wortes »Pavillon«, das seit seinen Anfängen eine Reihe von Gebäuden bezeichnet – von eigenständig überdachten Flügeln größerer Gebäude bis hin zu vergänglichen, leichten Konstruktionen, die für Messen oder Ausstellungen gebaut werden –, kann auf den altfranzösischen Begriff »pavellun« zurückgeführt werden, der seinerseits auf dem lateinischen »papilio«, also »Zelt« oder wortwörtlich »Schmetterling«, beruht. Oft vergänglich, umfasst sein historischer Baldachin mindestens so viele Gebäude, die durch ihre kurzlebige Erscheinung berühmt geworden sind, wie Gebäude, die überdauert haben – gewollt oder ungewollt –, um die Struktur des täglichen Lebens in Parks, Gärten und Städten zu verwandeln. Die Kurzlebigkeit hat sich oft als Sprungbrett für Erneuerungen erwiesen. Vielleicht ist es daher sogar möglich, die Geschichte der großen Entwicklungen der Architektur hin zu neuen Aufgaben, neuen Erfahrungen und neuen formalen, räumlichen und strukturellen Experimenten zu verfolgen, indem man dem verschlungenen Weg der Pavillons folgt: genauso wie bei den Erlebnisreisen, welche die Pavillons und Architekturfantasien in den Landschaftsgärten des 18. und 19. Jahrhunderts in Szene setzten.

Born of fêtes, festivals, and balls, the pavilion has always been a space for the imagination: a space for architectural designers, for clients, and for visitors. Etymologically, "pavilion"–which has since come to cover a range of structures from independently roofed wings of larger building complexes to temporary lightweight structures erected for fairs or exhibitions can be traced to the old French term "pavellun," itself derived from the Latin "papilo" for "tent" or literally, "butterfly." Often ephemeral, its historical canopy covers at least as many buildings, mythic for their temporary apparition and for their often spectacular displays, as it does buildings that have remained—intentionally or not—to transform the fabric of every day life in parks, gardens, and cities. Lack of permanence has often been a trampoline for invention. It might thus even be possible to trace a history of architecture's leaps into new tasks, new experiences, and new formal, spatial, and structural experiments by following a meandering path of pavilions, much like the journeys of experience pavilions and follies staged in eighteenth and nineteenth-century landscape gardens.

Over the course of the long development of architecture since the Enlightenment, the pavilion has undergone a radical shift in usage, a shift that echoes, in amplified form, transformations in architecture itself, from a quest for new forms of representational specificity to a search—beginning around 1900—for autonomy of expression and space-making. In the eighteenth century, the pavilion was one of the key components of the art and meaning of landscape gardens on both sides of the Channel. Born as a place of ultimate privacy, the pavilion was, at once, an autonomous realm of its own and an integral part of the idea of nature as a retreat from the conventions of civic culture and royal or aristocratic protocol. While reference was often made to the freedom and pleasures associated with the gardens of the ancients—Hadrian's Villa comes to mind—or to the Orient, where Chinese and Japanese free-standing garden structures with elaborate systems of roofing were referred to as pavilions in European languages, the eighteenth-century garden pavilion became a vehicle for innovation as much as for retreat. New forms of sociability and innovations in architectural design and spatial creation developed in a veritable symbiosis, for instance, in the Rococo pavilions in the gardens of the Wittelsbach court at Nymphenburg Palace (Pagodenburg, Amalienburg) or in the extensively fenestrated Petit Trianon at Versailles. In François de Cuvilliés's Amalienburg, the interior architecture became an exuberant display of a new challenge of representation and illusion, as gilt imitations of natural form combined with the use of mirrors to create spaces which only the imagination could map |figs. 1|2|.

Im Laufe der langen Entwicklung der Architektur seit der Aufklärung hat sich die Funktion des Pavillons radikal gewandelt. Dieser Wandel spiegelt, in erweiterter Form, die Veränderung der Architektur selbst, von einem Streben nach neuen Formen gegenständlicher Natur zu einer Suche – die etwa um 1900 herum beginnt – nach der Unabhängigkeit des Ausdrucks und nach der Gestaltung von Raum. Im 18. Jahrhundert war der Pavillon einer der Hauptbestandteile der Kunst und der Bedeutung von Landschaftsgärten auf beiden Seiten des Kanals. Der Pavillon war als ein höchst privater Ort entstanden und war gleichzeitig sowohl ein unabhängiger, selbstständiger Bereich, als auch Teil der ganzheitlichen Vorstellung von der Natur als einem Zufluchtsort, wo man den Konventionen der Zivilgesellschaft und den Zwängen der königlichen beziehungsweise adligen Gesellschaft entkommen konnte. Während man sich oftmals auf die Freiheit und die Freuden bezog, die man mit den Gärten der Antike in Verbindung brachte – man denke nur an die Hadriansvilla – oder auch auf den Orient, wo die chinesischen und japanischen freistehenden Gartengebäude mit ihrer aufwendigen Bedachung in den europäischen Sprachen als Pavillons bezeichnet wurden, wurde der Gartenpavillon des 18. Jahrhunderts ebenso oft als Medium für Erneuerungen wie als Rückzugsmöglichkeit verwendet. Neue Formen des gesellschaftlichen Umgangs und Innovationen in der Gestaltung von Architektur und der Erschaffung von Raum wurden zu einer echten Symbiose, so zum Beispiel bei den Rokokopavillons am Hofe der Wittelsbacher im Garten von Schloss Nymphenburg (Pagodenburg, Amalienburg) oder bei dem mit vielen Fenstern ausgestattenden Petit Trianon in Versailles. Bei François de Cuvilliés Amalienburg wurde die Architektur des Innenraumes zu einer übermütigen Darstellung der neuen Herausforderung von Gegenständlichkeit und Illusion: Vergoldete Imitationen natürlicher Formen erschufen in Verbindung mit Spiegeln Räume, die nur in der Vorstellung entstehen konnten |Abb. 1|2|.

1

2

1 François de Cuvilliés, Amalienburg im Schlossgarten
  Nymphenburg, München, 1734–1739
  Zeichnung des frühen 19. Jahrhunderts
  | François de Cuvilliés, Amalienburg at Nymphenburg
    Palace Park, Munich, 1734–39
    Drawing from the early nineteenth century.
2 Spiegelsaal in der Amalienburg
  | Hall of mirrors inside the Amalienburg

It was in the English landscape parks that garden structures—pavilions, follies, and often temples—were given the most demanding representational charge. Here, a new degree of iconographic specificity was the harbinger of the semantics of historicism for the next two centuries. If the Rococo pavilions of the continent were still reminiscent of the origins of the pavilion in tent structures, with all the sense of a temporary protection from the elements combined with an aesthetics of openness, in the English landscape garden, the pavilion took its place as one of a series of structures given a charge of signification as part of a voyage of discovery. The Boycott Pavilions at the entrance to the garden landscape of Stowe in Buckinghamshire, for instance, designed in 1728 by James Gibbs, were at once pavilions in the traditional sense of gatehouse enclosures, but also the first in a sequence of images to be encountered in a landscape that unfolded in both space, and over the next few decades, in time, as part of an elaborate political iconography. This culminated perhaps in the oppositional politics of the Temple of British Worthies by William Kent, and most importantly, in Kent's Temple of Liberty (1741–44), an early example of the use of the neo-Gothic as a signifier of Englishness, and as an evocation of ancient English liberties, of shared powers between crown and aristocracy, and thus, of national identity.

In den englischen Landschaftsgärten sollten die Gartengebäude – Pavillons, Fantasiearchitekturen und oft auch Tempel – die anspruchsvollsten repräsentativen Aufgaben bekommen. Hier wurde eine neue Ebene ikonografischer Genauigkeit zum Vorläufer der Semantik des Historismus der nächsten zwei Jahrhunderte. Erinnerten die kontinentaleuropäischen Rokokopavillons immer noch an die Ursprünge des Pavillons in der Form des Zeltes, ganz im Sinne eines temporären Schutzes vor den Elementen in Verbindung mit einer Ästhetik der Offenheit, nahm der Pavillon in den englischen Landschaftsgärten seinen Platz als ein Gebäude in einer Reihe ein, welche die Aufgabe hatte, eine Rolle innerhalb einer Reise oder Entdeckungsfahrt zu spielen. Die Boycott-Pavillons am Eingang des Landschaftgartens von Stowe in Buckinghamshire zum Beispiel, 1728 von James Gibbs entworfen, waren sowohl Pavillons im herkömmlichen Sinn als auch Torhäuser einer Einfriedung, aber auch die ersten Beispiele in einer Reihe von Bildern, die man in einer Landschaft sah, die sich sowohl räumlich und im Laufe der nächsten Jahrzehnte auch zeitlich als Teil einer komplizierten politischen Ikonografie entwickelte. Diese Entwicklung fand ihren Höhepunkt vielleicht in der Oppositionspolitik des Temple of British Worthies von William Kent und vor allem in Kents Temple of Liberty (1741–1744), einem frühen Beispiel der Verwendung neogotischer Stilelemente als Ausdruck des Englischen und als einem Evozieren uralter englischer Freiheiten in Bezug auf die geteilte Macht von König und Aristokratie, und somit nationaler Identität.

Es fallen einem die Fantasiearchitekturen der idyllischen Landschaftsgärten ein, seien sie nationalistisch oder exotisch »andersartig«, die unzähligen türkischen, japanischen und vor allem chinesischen Pavillons in ganz Europa – die türkischen Zelte und chinesischen Pavillons von Drottningholm Palace in der Nähe von Stockholm oder der chinesische Pavillon in L'Isle-Adam nördlich von Paris – alle sind sie Vorfahren der Länderpavillons der Weltausstellungen des 19. Jahrhunderts. Auf den Geländen der Weltausstellungen erreichten die semiotische Aufgabe, nationale Identität im dichten Feld des Handels darzustellen, und die Bemühungen um politische und kulturelle Anerkennung einen übertriebenen Höhepunkt. Wenn – unter dem großen Zelt von Joseph Paxtons Kristallpalast für die erste Weltausstellung im Londoner Hydepark im Jahr 1851 – die Repräsentation der Nationalstaaten auf die Gestaltung von Ausstellungsständen innerhalb des auf Modulen basierenden Gitters des Glas- und Eisenrahmens beschränkt war, war bereits bei der Weltausstellung 1867 (der zweiten Weltausstellung in der französischen Hauptstadt) das große Glas- und Eisengebäude von über hundert Pavillons umgeben. Der Ausdruck nationaler Identität und Intention hatte sich von der Ausstellung von Objekten auf die Erschaffung einer einzelnen bedeutungstragenden Konstruktion verschoben; eine Konstruktion, die eine ebenso große Rolle in den entstehenden Versionen nationaler Geschichte zu Hause wie auch in der Politik des Nationalismus auf der internationalen Bühne spielte. Geschichten von Veränderungen nationaler Identität können verfolgt werden (und sind auch oft verfolgt worden), indem man die sich entwickelnde Stilpolitik eines bestimmten Landes anhand mehrerer Ausstellungen betrachtet. Nachdem sie zunächst frei stehende Pavillons in grünen Umgebungen waren, wie in früheren Landschaftsparks, wurden die Länderpavillons bei der Weltausstellung von 1878 in Paris zum ersten Mal in Form von Straßenfassaden angeordnet. Die »Rue des Nations« war ein Vorläufer des zunehmend eklektischen Umgangs mit der urbanen Struktur der europäischen Stadt nach Baron Haussmann | → **S. 41, Abb. 6**|.

The follies of the picturesque landscape garden, whether nationalist or exotically "other" in countless Turkish, Japanese, and especially Chinese Pavilions in gardens throughout Europe—the Turkish Tents and Chinese Pavilion at Drottningholm Palace outside of Stockholm or the Chinese Pavilion at L'Isle-Adam north of Paris come to mind—were all ancestors of the national pavilions of the nineteenth century's World's Fairs. At the grounds of World's Fairs, the semiotic charge of representing national identity in the crowded field of trade, and bids for political and cultural recognition reached a hyperbolic climax. If, under the big tent of Joseph Paxton's Crystal Palace, for the first World's Fair in London's Hyde Park in 1851, national representation was confined to the design of display stands within the modular grid of the glass and iron frame, by the 1867 Exposition Universelle in Paris (the second in the French capital), the great glass and iron exhibition building was surrounded by over a hundred pavilions. The signifier of national identity and purpose had been transferred from the display of objects to the creation of a single signifying structure, one that played as much a role in the evolving narratives of national history back home as it did in the politics of nationalism on an international stage. Histories of the shifts of national identity can, and have often been traced by following an individual country's evolving politics of style over a sequence of fairs. Originally organized as freestanding pavilions in a verdant setting, as in earlier landscape parks, at the 1878 Exposition Universelle in Paris, national pavilions were grouped for the first time into street façades. The "Rue des nations" was a harbinger of the increasingly eclectic approach to the urban fabric of the post-Haussmannian European city | → **p. 41, fig. 6**|. While many countries showed

3

3   Henri Sauvage, Loïe-Fuller-Theater,
    Weltausstellung Paris, 1900
    | Henri Sauvage, Loïe Fuller Theater,
    Paris Exposition Universelle, 1900

Während viele Länder nicht nur ihren nationalen Stil, sondern auch die Arbeit eines führenden historistischen Künstlers demonstrierten, hatten die französischen Architekten keine Bedenken, ihre Dienste mehreren Auftraggebern anzubieten. Im Jahr 1878 entwarf zum Bespiel der in Paris arbeitende Alfred Vaudoyer die Länderpavillons in entsprechenden nationalen Stilen für Luxemburg, Uruguay, Peru und andere Länder. Manchmal wurden Pavillons nach der Messe wieder »eingebürgert«, manchmal wurden sie verkauft oder für neue Verwendungszwecke gestiftet, wobei die ursprüngliche Bedeutung bewusst vertuscht wurde. So geschehen zum Beispiel bei Frederick Law Olmsteds Ankauf des Modellschulhauses, das Teil des schwedischen Pavillons bei der Weltausstellung in Philadelphia im Jahr 1876 gewesen war und als Marionettentheater im Vergnügungsteil des Central Parks in New York, wo es heute noch steht, wiederverwendet wurde.

Zum ersten Mal im 20. Jahrhundert begegnete man dem Pavillon bei der Pariser Weltausstellung von 1900 mit einem doppelten Vermächtnis. Oftmals noch mit der Thematik der nationalen Identität aufgeladen, wie in einer aktualisierten Version der »Rue des Nations«, hatte er für andere Bereiche repräsentative Aufgaben bekommen, die alle überkommenen Strukturen von Architektur zum explodieren brachten, und der Pavillon wurde dadurch stattdessen zu einem Ort für den experimentellen Umgang mit Architektur, für noch nie gesehene Bilder und neue Erfahrungen. Zum Beispiel hatte der siebenundzwanzigjährige Architekt Henri Sauvage einen fast ebenso spektakulären Auftritt wie die amerikanische Tänzerin Loïe Fuller mit einem Pavillon, in dem sie ihre innovativen Tänze mit fließenden, wirbelnden Seidenkostümen und neuen, farbigen Lichtsystemen zeigte |Abb. 3|. Fullers Tänze hatten bereits neue formale Experimente im Bereich der Malerei und in der jungen Kunst des Kinos (Brüder Lumière) hervorgebracht, und sie inspirierten nun Sauvage, sich eine Architektur vorzustellen, die selbst den Eindruck der Bewegung entstehen lassen könnte. Die gesamte Hauptfassade des Fuller-Pavillons fing die sich

off not only their national style, but also the work of a leading historicist practitioner, French architects had no compunction about offering their services to multiple clients. In 1878, for instance, Paris-based Alfred Vaudoyer designed the national pavilions in corresponding national styles for Luxembourg, Uruguay, and Peru, among others. Sometimes, pavilions were "repatriated" after the fair, sometimes sold or donated for new uses, in which the original signification was deliberately blurred as, for instance, in Frederick Law Olmsted's acquisition of a model school house that had been part of the Swedish pavilion at the Centennial Exhibition in Philadelphia in 1876, and recycled to serve as a marionette theater in the pleasure zone of New York's Central Park, where it stands today.

The pavilion entered the twentieth century at the Paris Exposition Universelle of 1900 with a dual legacy. Still charged often, as in an updated version of the "Rue des nations," with the grammar of national identity, for other tasks it was given representational charges that exploded all inherited syntaxes of architecture, becoming instead a locus for architectural experimentation, for unprecedented images, and new experiences. For instance, the twenty-seven year old architect Henri Sauvage burst upon the scene almost as spectacularly as did the American dancer Loïe Fuller in a pavilion to house her innovative dances, with flowing and swirling silk costumes, and innovative systems of colored lighting |fig. 3|. Having already fostered new formal experiments in painting and in the young art of cinema (the Lumière brothers), Fuller's dances now inspired Sauvage to imagine an architecture which itself might create a sensation of movement. The entire front façade of the Fuller pavilion captured the changing patterns and dynamism of the dancer's works, notably "the Serpentine," with some of the same freeze-frame power as the newest developments in photography, even as it allowed the public to enter the theater with the frisson of passing through the stage curtain which doubled as a metaphor of the dancer's famous flowing drapes. Here, architecture took on the representation of time in relationship to new thresholds of perception, rather than the structuring of historical time which had made the national pavilion in the nineteenth century a scaffold for the décor of the national past. The challenge, henceforth, to pavilion architecture would be to create an environment for new experience, experience understood to be characteristically modern and without precedent. After 1900, the grounds of World's Fairs were to be marked by a dual landscape of the inherited politics of historicist representation, and the stakes of recovering the surprise of the Rococo pavilion as a site for expanding the imagination. This was to play itself out in each of the World's Fairs over the course of the century, from Paris to Seville and Hanover |fig. 4|, as it was on other sites of national representation abroad, such as on the grounds of the Venice Biennale. Here, the gestalt of the national pavilions passed from the display of national architectural traditions, in early works such as A.V. Schusev's 1914 Russian Pavilion, to displays of architectural prowess and innovation, in works such as Sverre Fehn's 1962 Nordic Pavilion, with its extraordinary juxtaposition of long span open space and the integration of existing trees under its canopy |fig. 5|. The modern movement would at once use the pavilion as the site for creating the never before seen, and for returning the pavilion to its origin as a provisional tent, a minimal separation from the outdoors, and a delicate designation of place.

verändernden Muster und die Dynamik der verschiedenen Tänze, vor allem der »Serpentine«, ein und hatte ein wenig von der Kraft der Standbilder, die neueste Entwicklung in der Fotografie, indem er dem Publikum erlaubte, das Theater mit einem Schaudern zu betreten, wenn es durch den Bühnenvorhang gehen musste, der auch als Metapher für die berühmten fließenden Kleider der Tänzerin diente. Hier wurde die Architektur zur Darstellung der Zeit in Beziehung auf neue Schwellen der Wahrnehmung, anstatt die Gliederung historischer Zeit zu sein, welche die Länderpavillons des 19. Jahrhunderts zu Gerüsten für die Ornamentik der nationalen Vergangenheit gemacht hatte. Seitdem war die Herausforderung für Pavillonarchitektur, eine Umgebung zu schaffen, in der man neue Erfahrungen machen konnte; Erfahrungen, die typischerweise modern und noch nie da gewesen sein sollten. Nach 1900 zeichneten sich die Messegelände durch eine doppelte Landschaft aus: die überkommene Tradition historistischer Repräsentation und die Herausforderung, die Überraschung des Rokokopavillons als einem Ort, welcher der Vorstellung Flügel verleiht, wiederzuentdecken. Dies sollte sich auf jeder der Weltausstellungen im Lauf des Jahrhunderts abspielen, von Paris nach Sevilla und Hannover |Abb. 4|, wie auch an den anderen Orten nationaler Repräsentation auf dem Kontinent, wie auf dem Gelände der Biennale von Venedig. Hier gab es sowohl Länderpavillons, deren Gestalt von der Darstellung nationaler Architekturtraditionen geprägt war – bei den frühen Arbeiten wie zum Beispiel A. V. Schusevs russischem Pavillon von 1914 – als auch Pavillons, die das Können und die Erneuerungen in der Architektur zeigten, bei Werken wie Sverre Fehns Pavillon der nordischen Länder von 1962 mit seiner außergewöhnlichen Gegenüberstellung eines über eine weite Strecke offenen Raumes und der Integration vorhandener Bäume unter seinem Baldachin |Abb. 5|. Die Moderne sollte sich sofort des Pavillons als einem Ort bedienen, an dem man noch nie zuvor Gesehenes erschaffen konnte, und sie machte den Pavillon wieder zu einem provisorischen Zelt mit einer minimalen Abgrenzung nach außen und einer vorsichtigen Bestimmung des Ortes.

4

5

4    Peter Zumthor, Schweizer Pavillon, Weltausstellung Hannover, 2000
|  Peter Zumthor, Swiss Pavilion, Hanover World's Fair, 2000
5    Sverre Fehn, Nordischer Pavillon, Biennale Venedig, 1962
|  Sverre Fehn, Nordic Pavilion, Venice Biennale, 1962

The Pavilion and the Expanded Possibilities of Architecture                    20 | 21

6

6   Le Corbusier und Pierre Jeanneret, Pavillon de l'esprit nouveau,
*Exposition Internationale des Arts Décoratifs et Industriels
Modernes,* Paris 1925
| Le Corbusier and Pierre Jeanneret, Pavillon de l'Esprit Nouveau,
*Exposition Internationale des Arts Décoratifs et Industriels
Modernes,* Paris 1925

Während die Weltausstellungen zu immer vielschichtigeren semantischen Plattformen der Darstellung wurden und zu Orten, an denen sich der Konflikt der Ansprüche eines weiten Feldes von Akteuren auf der Weltbühne, von Ländern zu Kooperationen hin zu individuellen Künstlern oder Künstlergruppen bemerkbar machte, nahmen diese Gegensätze immer neue Formen an. Während 1925 bei der Ausstellung *Exposition Internationale des Arts Décoratifs et Industriels Modernes* an den Champs-Elysées in Paris die Pavillons von Kooperationen, Herstellern und Kaufhäusern dominierten – kleine Monumentalgebäude, deren Ausstellungen ungeniert kommerziell waren – entstanden hier aber gleichzeitig zwei radikal neue Pavillons, die sowohl nach neuen Formen als auch nach neuen Inhalten verlangten. Le Corbusier zeigte in seinem Pavillon de l'esprit nouveau seine Vision der neuen räumlichen Organisation für das moderne Leben in einer Modelleinheit, die an eine Ausstellungshalle angrenzte, wo die städtebaulichen Theorien des Architekten gezeigt wurden | **Abb. 6** |. In der Nähe bot Konstantin Melnikow zum ersten Mal dem Westen eine Demonstration der radikal neuen Ideen der Architekturexperimente der Sowjetunion in Originalgröße | → **S. 45, Abb. 13** |. Beide Pavillons waren unverhohlene Propagandamittel für neue universelle Systeme, Gesellschaften aufzubauen und Gebiete zu bebauen; beide waren gleichzeitig Demonstrationen grundsätzlich neuer Raumerfahrungen in Originalgröße. Um zu der Tradition zurückzukehren, maßstäbliche Modellwohnungen bei Weltausstellungen zu zeigen – die im Auftrag von Prinz Albert durch ein Modell eines Mietshauses gegenüber des Kristallpalastes 1851 eingeführt worden war –, baute Le Corbusier aus vergänglichen Materialien ein 1:1-Modell seines Projektes von 1922 für die Immeuble-Villas. Hier konnte man die neue Lebensform erfahren, mit ihrem ganzen Spektrum an »Ausstattung« von industriell produzierten Thonet-Stühlen bis hin zu den »casier standard« oder Aufbewahrungseinheiten, die gleichzeitig als der räumliche Ausdruck von Funktion in einem offenen Raumplan fungierten.

These contrasts played themselves out over and over again as World's Fairs became ever more complex semantic fields of representation, as well as sites marked by tensions between the conflicting claims of a wider range of actors on the global stage, from countries to corporations, to individual artists, or groups of artists. If the 1925 Paris *Exposition Internationale des Arts Décoratifs et Industriels Modernes* along the Champs-Elysées was dominated by the pavilions of corporations, manufacturers, and department stores—small monumental buildings unabashedly commercial in their displays—it was also the site of two radically designed pavilions that demanded both new forms and new contents. Le Corbusier, in his Pavillon de l'Esprit Nouveau, offered his vision of a new spatial organization for the modern dwelling in a model unit connected to an exhibition hall to display the architect's urban theories | **fig. 6** |. Nearby, Konstantin Melnikov, for the first time, offered the west a full-scale demonstration of the radical new ideas of the architectural experiments of the Soviet Union | → **p. 45, fig. 13** |. Both were unashamed vehicles of propaganda for new universal systems of building societies and territories; both were also full-scale demonstrations of wholly new spatial experiences. Returning to the tradition of exhibiting full-scale model dwellings in World's Fairs, inaugurated by the model tenement house sponsored by Prince Albert across from the Crystal Palace in 1851, Le Corbusier built, in temporary materials, a full-scale mock-up of his 1922 project for his Immeuble Villas, in which the new type of living could be experienced with the full range of "equipment," from industrially produced Thonet chairs to the architect's "casier standard" or storage units, which doubled as the spatial articulation of functions in a free plan space.

Increasingly, pavilions were to provide the freedom to experiment in temporary materials with ideas that had yet to win a constituency for a permanent building project. Before his 1925 commission to represent the eight-year old Soviet Union at the Paris exposition, Melnikov had built little. Having already experimented with achieving radically new abstract building forms and spatial effects out of the most rudimentary of materials in such fair pavilions as his 1923 pavilion for the *All-Russian Agriculture and Handicraft Exhibition* at home, Melnikov was the first to export the Revolution in both architecture and politics. This was embodied in the dynamic juxtaposition of single sloped roofs, the diagonal spatial organization, and the large fields of glazing even spanning corners. In the pavilion erected in the shadow of the official architecture of the fair, the ornament laden streetscapes of Paris changed the landscape of Paris for a season. Returning to Moscow—his pavilion was built in a matter of weeks by a team of only ten workers—Melnikov was able to translate the experiment into permanent form in the New Sukharev Market in Moscow (now destroyed!) and into aspects of his famous sequence of worker's clubs. The pavilion had become a site of projection rather than retrospective recuperation.

Mies van der Rohe's Pavilion of German Representation, as the structure he built for the Weimar Republic at the 1929 Universal Exposition at Barcelona was officially known, became an iconic embodiment overnight of the spatial potential of a new architecture of abstraction, one it was thought in which structural support and space making were set free to develop independently and in counterpoint, in which a new palette of materials was developed to give as much nobility to steel, glass, and chrome as to the traditionally prestigious onyx, travertine, and granite which formed the only ornaments and spatial sub-divisions of the interior |figs. 7 | 8|. Mies created a building of such dialectic richness that it continued to unleash new critical interpretations in both words and design decades after it had been dismantled, and primarily by people who had never seen it.

Immer mehr sollten die Pavillons die Möglichkeit bieten, mit vergänglichen Materialien und mit Ideen, die für dauerhafte Architekturprojekte erst noch einen Kundenkreis finden mussten, zu experimentieren. Bevor er im Jahr 1925 beauftragt wurde, die acht Jahre alte Sowjetunion bei der Pariser Weltausstellung zu repräsentieren, hatte Melnikow noch wenig gebaut. Da er bei solchen Messebauten wie seinem Pavillon für die *Allrussische Landwirtschafts- und Handwerksausstellung* zu Hause bereits Versuche unternommen hatte, radikal neue, abstrakte Gebäudeformen und Raumeffekte aus den einfachsten Materialien entstehen zu lassen, war Melnikow der erste, der zugleich die Revolution von Architektur und Politik exportierte. Dies wurde durch die dynamische Gegenüberstellung von einzelnen geneigten Dächern, der diagonalen räumlichen Aufteilung und großen Glasfeldern, die sogar um Ecken herumliefen, verkörpert. In dem Pavillon, der im Schatten der offiziellen Messearchitektur erbaut worden war, veränderten die ornamentbeladenen Straßenlandschaften von Paris für eine Saison die Landschaft der Stadt. Als er nach Moskau zurückkehrte – sein Pavillon wurde von einem Team, das nur aus zehn Arbeitern bestand, innerhalb von wenigen Wochen erbaut – konnte Melnikow seinem Versuch bei dem neuen Sukharev-Markt in Moskau (mittlerweile zerstört!) eine dauerhafte Form geben und Teilaspekte davon für seine berühmte Reihe von Arbeiterclubs anwenden. Der Pavillon wurde zu einem Ort der Projektion anstatt der Rückschau.

Ludwig Mies van der Rohes Pavillon, der Ausstellungspavillon des Deutschen Reiches, wie das Gebäude, das er im Auftrag der Weimarer Republik 1929 für die Weltausstellung in Barcelona baute, offiziell hieß, wurde über Nacht zur ikonischen Verkörperung des räumlichen Potenzials einer neuen Architektur der Abstraktion, bei der man glaubte, dass das statische System und die Erschaffung von Raum freigesetzt werden würden, um sich unabhängig voneinander und entgegengesetzt zu entwickeln und in der eine neue Palette von Materialien entwickelt wurde, um Stahl, Glas und Chrom so edel aussehen zu lassen, wie die traditionell kostbaren Materialien Onyx, Travertin und Granit, welche die einzigen Formen der Innendekoration sowie der Unterteilung des Raumes bildeten |Abb. 7 | 8|. Mies schuf ein Gebäude, das so reich an Dialektik war, dass es, auch Jahrzehnte nach seinem Abbau, immer weiter zu neuen, kritischen Interpretationen inspirierte – sowohl in Form von

7

8

7  Luftbild des Messegeländes mit Ludwig Mies van der Rohes
   Deutschem Pavillon, Weltausstellung Barcelona, 1929
   | Aerial view of the fairgrounds with Ludwig Mies van der Rohe's
     German Pavilion, Barcelona Universal Exposition, 1929
8  Ludwig Mies van der Rohe, Deutscher Pavillon,
   Weltausstellung Barcelona, 1929
   | Ludwig Mies van der Rohe, German Pavilion,
     Barcelona Universal Exposition, 1929

9

9   Alvar Aalto, Finnischer Pavillon,
     Weltausstellung New York, 1939
     | Alvar Aalto, Finnish Pavilion,
     New York Word's Fair, 1939

Worten als auch in Form von Interpretationen, und vor allem von Leuten, die es niemals gesehen hatten. Auf den Seiten von Henry-Russell Hitchcocks und Philip Johnsons *The International Style,* das zwei Jahre nach der Zerstörung des Pavillons veröffentlicht wurde, bekam das Gebäude ein kanonisches Leben; es zirkulierte als Schwarz-Weiß-Fotografien, die das Gebäude so bekannt machten, wie die Gesichtszüge lange verstorbener Staatsoberhäupter, welche die Währung des täglichen Handels zieren. Nachdem sie sich im letzten Moment entschieden hatte, an der Weltausstellung in Barcelona teilzunehmen, erließ die Weimarer Republik einen Auftrag von noch nie da gewesener Offenheit. Im Pavillon sollte keine Ausstellung untergebracht werden, und es gab keine bestimmten programmatischen Raumerfordernisse, die erfüllt werden mussten. Bei diesem Gebäude, für das es fast überhaupt keine Aufgabe gab, erreichte die Architektur sofort, in politischer Hinsicht, ihren ultimativen Status als reine Repräsentation, sogar als Mies die Aufforderung annahm, ein Werk auf einem Niveau architektonischer Abstraktion zu erschaffen, das selbst seine eigenen einige Jahre zuvor entstandenen, die nominell als Häuser, Hochhäuser oder Bürohäuser konzipiert waren, übertraf. Das Ergebnis ist eine Choreografie von Bewegung und Innehalten sowohl abstrakten als auch erlebten Raumes und gleichzeitig von einer solchen Intensität und Ruhe, dass es fast so scheint, als habe es sich Mies zur Aufgabe gemacht, sich vorzustellen wie es wohl wäre, durch den Vorhang von Henri Sauvages Pavillonfassade hindurchzugehen. Und tatsächlich ist ein knallroter Vorhang einer der wenigen Teile von Mies van der Rohes Gebäude, die sich bewegen lassen; hier jedoch sollte der theatralische Effekt durch nichts anderes als durch die reinen Architekturelemente erzeugt werden und durch eine einzige gegenständliche Skulptur, die der einzige Akteur außer den Besuchern selbst war. Während der Pavillon die räumliche Vorstellung der Besucher im Jahr 1929 freisetzte, wurde er jahrzehntelang,

In the pages of Henry-Russell Hitchcock and Philip Johnson's *The International Style,* published two years after the pavilion was demolished, the building took on a canonic life, circulating in black-and-white photographs that made the pavilion as familiar as the traits of long deceased world leaders featured on the currency of everyday exchange. Having decided at the last minute to participate in the Barcelona fair, the Weimar Republic issued a brief of unprecedented openness. No exhibition was to be housed and no specific set of spatial requirements needed to be fulfilled. In this nearly program-less building, architecture achieved, at once, in political terms, its ultimate status as pure representation, even as Mies accepted the invitation to create a work of a level of architectural abstraction that exceeded even his ideal projects of several years earlier, which had been nominally programmed as houses, skyscrapers, or office buildings. The result is a choreography of movement and stasis of both abstract and experienced space, at once, of such intensity and repose that is almost as though Mies set for himself the task of imagining what it would be like to pass through the curtain of Henri Sauvage's pavilion façade. Indeed, a brilliant red curtain is one of the only moving parts of Mies's building, but here, the theatrical display was not to be performed by anything other than the pure architectural elements, and a single figurative sculpture, the only actor other than the visitors themselves. If the pavilion unleashed the spatial imagination of visitors in 1929, its iconic status as a lost monument of pure architecture allowed it to become, for decades, a symbolic space of pilgrimage for architects and architectural students. While many skeptics denounced the plans of the City of Barcelona to rebuild the pavilion in the nineteen-eighties, its completion—and the shock of experiencing the spaces in full color—unleashed a new phase of life for the pavilion, in which its multiplicities, its shifting effects and possible meanings, and its startling contrast with the historicist buildings of the fair remaining on the slopes of Montjuïc, gave the pavilion a whole new resonance in the critical perspectives of critical and architectural deconstruction. The pavilion had thus destroyed the search for unitary meaning that was the proper of the national pavilion in the customary World's Fair, even as it had returned the pavilion to its origins as a structure held permanently in suspense between building and landscape, between enclosure and openness, between framing and closure. Many of the most original pavilion structures realized in the eighty years since Mies completed his only pavilion (even if, ever after, the pavilion would remain an ideal in his restrained taxonomy of building types) are born of that experiment, notably Gerrit Rietveld's remarkable Sonsbeek Sculpture Pavilion of 1954, recreated on a different site in 1965 for the Kröller-Müller Museum in Otterloo.

durch seinen ikonischen Status eines verlorenen Baudenkmals reiner Architektur, ein symbolischer Wallfahrtsort für Architekten und Architekturstudenten. Obwohl viele Skeptiker das Vorhaben der Stadt Barcelona, den Pavillon in den 1980er-Jahren wieder aufzubauen, ablehnten, wurde durch seine Fertigstellung – und den Schock, die Räume in ihren ganzen Farbigkeit zu erleben – eine neue Lebensphase des Pavillons eingeleitet, in der seine Vielseitigkeit, seine sich verändernden Wirkungen und möglichen Bedeutungsebenen und der verwirrende Kontrast zu den historistischen Gebäuden der Messe, die noch auf den Hängen des Montjuïc stehen, dem Pavillon eine ganz neue Resonanz in den Auseinandersetzungen mit kritischer und architektonischer Dekonstruktion verliehen. Auf diese Weise hatte der Pavillon die Suche nach einer einheitlichen Bedeutung zerstört, die angemessen für die Länderpavillons in der üblichen Weltausstellung war, auch indem der Pavillon auf seinen Ursprung zurückgeführt worden war: als eine Konstruktion, die dauerhaft in einem Spannungsgefüge zwischen Gebäude und Landschaft, Eingrenzung und Offenheit gehalten wird. Viele der originellsten Pavillonkonstruktionen – die in den achtzig Jahren gebaut worden sind, seit Mies seinen einzigen Pavillon fertiggestellt hatte (auch wenn der Pavillon für alle Zeiten ein Ideal innerhalb seiner eingeschränkten Systematik von Gebäudetypen bleiben sollte) – sind auf der Grundlage dieses Versuchs entstanden, vor allem Gerrit Rietvelds bemerkenswerter Skulpturenpavillon in Sonsbeek von 1954, der an anderer Stelle im Jahr 1965 für das Kröller-Müller Museum in Otterloo rekonstruiert wurde.

Wenn der Barcelona-Pavillon den Höhepunkt des Experimentierens mit Raum in der Architektur darstellt, erlebten nachfolgende Jahrzehnte die Entwicklung des Pavillons als ein Versuchslabor für neue statische Experimente. Im Pavillon des temps nouveaux für die Pariser Weltausstellung von 1937 ließ Le Corbusiers neuestes Interesse an hochstabilen Konstruktionen nicht nur ein modernes Zelt von der Art entstehen, von der er einst als einem primitiven Anfang in den Illustrationen von *Vers une architecture* träumte, sondern verlieh seiner Einstellung der Technologie gegenüber ihren Ausdruck, die in einem dramatischen Kontrast mit dem monumentalen Staatssymbolismus der Pavillons Deutschlands und der Sowjetunion stand, die noch wenige Jahre vorher Erneuerer gewesen waren. Zwei Jahre später erschuf Alvar Aalto in New York eine monumentale geschwungene Wand aus Holzlatten für den Innenraum des finnischen Pavillons |**Abb. 9**|. Dies war gleichzeitig ein Vorführen von Finnlands größtem Exportprodukt und eine monumentale Ankündigung neuer Anfänge im Werk des Architekten, mit freien Formen auf jeder Ebene, von alltäglichen Glasobjekten hin zur Definition fließender, strukturierter Innenräume. Kein Pavillon drückte die Kluft zwischen dem Erbe der historistischen Repräsentation in der Pavillonarchitektur des 19. Jahrhunderts und der neuen Kultur des 20. Jahrhunderts, in der die Ansprüche an Erfindung sogar noch höher waren, besser aus als der Pennsylvania-Pavillon im Hof der Bundesstaaten bei der New Yorker Weltausstellung von 1939. Für den Innenraum einer maßstäblichen Replik von Philadelphias kolonialer Independence Hall wurden Walter Gropius und Marcel Breuer – die beide kurz zuvor nach der Schließung des Bauhauses in die Vereinigten Staaten eingewandert waren – beauftragt, eine Ausstellung zu entwerfen. Eine monumentale frei stehende Wand aus grauer Kohle war einer abgehängten Aluminiumbrücke gegenübergestellt und ließ eine völlig neue Verbindung aus sowohl den Rohmaterialien als auch produzierten Erzeugnissen der Wirtschaft von Pennsylvania entstehen, und stellte so das andere, noch nie gesehene Bild dieser Messe dar, an das man sich am besten erinnern kann – ein ungeplantes Pendant zu Aaltos geschwungener Holzwand.

If the Barcelona Pavilion marked a high water mark of spatial experimentation in architecture, subsequent decades witnessed the emergence of the pavilion as a laboratory of new structural experiments. In the Pavillon des Temps Nouveaux at the 1937 Paris Exposition Universelle, Le Corbusier's recent interest in tensile structures created not only a modernized tent of the sort he had once dreamed of as a primitive beginning in the illustrations of *Vers une architecture,* but gave expression to an attitude about technology in dramatic contrast to the monumental state symbolism of the pavilions of Germany and the Soviet Union, innovators of just a few years earlier. Two years later in New York, Alvar Aalto created a monumental undulating wall of wooden slats for the interior of the Finnish pavilion which was at once a demonstration of Finland's leading export product and a monumental announcement of new departures in the architect's work, with free form on every scale, from daily objects of glass to the definition of flowing and textured interior spaces |**fig. 9**|. No pavilion captured the split between the inheritance of nineteenth-century historicist representation in pavilion architecture and the new culture of the twentieth century, in which the stakes for invention would be set ever higher, than the Pennsylvania Pavilion in the Court of States at the New York World's Fair of 1939. Inside a scale replica of Philadelphia's colonial Independence Hall, Walter Gropius and Marcel Breuer, both recently immigrated from the defunct Bauhaus, were asked to craft a display. A great free standing wall of anthracite coal was juxtaposed with a suspended bridge of aluminum, making a whole new syntax out of both the raw and manufactured products of Pennsylvania's economy, and providing the other most memorable unprecedented image of that fair, an unpremeditated pendant to Aalto's undulating wall of wood.

Structural innovation was more the norm than the exception after World War II, perhaps most notably in the collaboration at the 1958 Brussels World's Fair between Le Corbusier and architect / composer Iannis Xenakis in the pavilion commissioned by the Dutch electronics company Philips to house a multimedia spectacle of sound, light, and film |**figs. 10**|**11**|. A cluster of nine hyperbolic paraboloids—of the sort that would soon be the building blocks of monumental architecture by Félix Candela, Pier Luigi Nervi, Marcel Breuer, Chamberlain, Powell, and Bon, among many others—houses a sonic and visual spatial experience for Le Corbusier's *Poème Électronique,* with its innovative musical score by Edgard Varèse. Only Bruno Taut's 1914 Glass House at Cologne could have come close to the synthetic experience. Like the Barcelona Pavilion before it, the ephemeral Philips Pavilion was to enjoy unexpected returns of attention and waves of influence long after its disappearance. It has been rediscovered in recent years through the lens of complex structures made possible by computer driven algorithms and new types of complex surfaces frequent in the work of Frank Gehry and others.

By the nineteen-sixties, the representation of folk or historic traditions was relegated to a marketing strategy primarily of non-Western nations and to the apparatus of theme parks, where the imagistic approaches of earlier World's Fairs continue to have market energy. At the 1967 World's Fair in Montreal, structural innovation was—at the height of the Cold War—almost *de rigeur* in the contest of nations, having, in a sense, fully supplanted the syntax of national history. Richard Buckminster Fuller's Geodesic Dome for the United States Pavilion |**fig. 12**| and Frei Otto's tents for the German Pavilion |**fig. 13**| were the most noted experiments of the fair, both at once unique interventions and images, and systems destined to have a lasting influence on the next generation of designers.

Statische Innovation war nach dem Zweiten Weltkrieg eher die Norm als die Ausnahme, am interessantesten vielleicht in der Zusammenarbeit zwischen Le Corbusier und dem Architekten / Komponisten Iannis Xenakis bei der Weltausstellung in Brüssel im Jahr 1958 für den Pavillon der holländischen Elektronikfirma Philips, in dem ein Mulitmediaspektakel aus Ton, Licht und Film zu sehen war |**Abb. 10**|**11**|. In einer Ansammlung von neun hyperbolischen Paraboloiden – von der Art, die bald bei Félix Candela, Pier Luigi Nervi, Marcel Breuer, Chamberlain, Powell und Bon und vielen anderen die Bausteine monumentaler Architektur werden sollten – wurde eine räumliche Ton- und Bildkulisse mit ihren innovativer Komposition von Edgard Varèse für Le Corbusiers *Poème électronique* erschaffen. Nur Bruno Tauts Glashaus von 1914 in Köln ist vielleicht einer synthetischen Erfahrung näher gekommen. Wie vor ihm der Barcelona-Pavillon sollte der vergängliche Philips-Pavillon immer wieder aufs Neue unerwartet Interesse wecken und neuen Einfluss ausüben, auch lange nachdem er verschwunden war. In den letzten Jahren ist er wiederentdeckt worden: im Hinblick darauf, dass vielschichtige Strukturen durch computergesteuerte Algorithmen ermöglicht werden und im Hinblick auf neue Arten komplexer Oberflächen, wie sie häufig in den Arbeiten von Frank Gehry und anderen auftauchen.

Seit den 1960er-Jahren wurde die Darstellung von landestypischen oder historischen Traditionen als Marketingstrategie vornehmlich für Nationen, die nicht der westlichen Welt angehörten, eingesetzt, oder im Zusammenhang mit Themenparks, in denen der imaginistische Zugang der früheren Weltausstallungen immer noch Marktwert hat, verwendet. Bei der Weltausstellung von 1967 in Montreal war statische Innovation – am Höhepunkt des Kalten Krieges – fast zur Pflicht geworden, und der Wettbewerb der Länder hatte in gewisser Weise die Syntax der nationalen Geschichte vollständig ersetzt. Richard Buckminster Fullers geodätische Kuppel für den Pavillon der Vereinigten Staaten |**Abb. 12**| und Frei Ottos Zelte für den deutschen Pavillon |**Abb. 13**| waren die auffälligsten Experimente der Ausstellung. Sie waren beide zugleich einzigartige Eingriffe und Bilder sowie Systeme, die dazu bestimmt waren, einen bleibenden Einfluss auf die nächste Generation auszuüben.

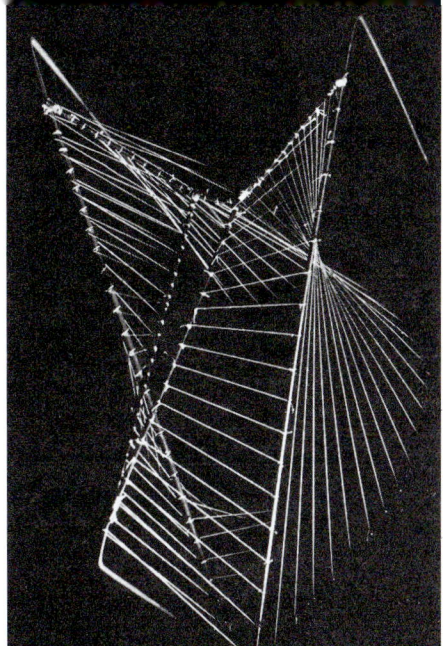

10 Le Corbusier, Philips-Pavillon, Weltausstellung Brüssel, 1958
| Le Corbusier, Philips Pavilion, Brussels World's Fair, 1958
11 Le Corbusier, Modell des Philips-Pavillons
| Le Corbusier, model of the Philips Pavilion
12 Richard Buckminster Fuller stellt US-Präsident Lyndon B. Johnson
das Modell des amerikanischen Pavillons für die Weltausstellung
in Montreal 1967 vor, 1964
| Richard Buckminster Fuller presents the model of the
American Pavilion for the 1967 Montreal World's Fair to
US President Lyndon B. Johnson, 1964
13 Frei Otto, Deutscher Pavillon, Weltausstellung Montreal, 1967
| Frei Otto, German Pavilion, Montreal World's Fair, 1967

14

15

**14** Rem Koolhaas und Cecil Balmond, Serpentine-
Pavillon, London, 2006
| Rem Koolhaas and Cecil Balmond, Serpentine
Pavilion, London, 2006
**15** Frank Gehry, Serpentine-Pavillon, London, 2008
| Frank Gehry, Serpentine Pavilion, London, 2008

Während die Rolle der Weltausstellungen, Hauptwallfahrtsorte für säkulare, kommerzielle Kultur zu sein, an Bedeutung verloren hat, hat der Pavillon eine überraschende neue Rolle als temporäre Installation für Kunstmuseen und Galerien gefunden, wodurch das alte Problem, wie man Architektur ausstellt, dadurch gelöst wurde, dass man sie in Auftrag gab. Das P.S.1 hat in dieser Hinsicht mit seinem alljährlichen Programm für junge Architekten (YAP) Pionierarbeit geleistet, aber es war die Londoner Serpentine Gallery, welche die Möglichkeiten des neuen Genres am vollständigsten ausschöpfte. Gänzlich ohne inhaltlichen Auftrag werden Architekten wie beispielsweise Rem Koolhaas | Abb. 14 | oder Frank Gehry | Abb. 15 | eingeladen, sich auf ein Level von Innovation einzulassen, das einzig und allein durch Budget und Zeitrahmen eingeschränkt ist. Seit Zaha Hadids Pavillon aus dem Jahr 2000 hat es verschiedene Lösungen gegeben: Da gab es auf den Innenraum fokussierte Baukörper, in denen sinnliches Erfahrung und Erleben entstehen sollte – vor allem in dem Entwurf des Künstlers Olafur Eliasson und des Architekten Kjetil Thorsen von 2007 – bis hin zu Zelten und Baldachinen der Art, wie sie oftmals am New Yorker P.S.1 bevorzugt werden. Der bis heute vergänglichste Pavillon bestand aus einer Reihe wolkenartiger Baldachine, den die japanischen Minimalisten SANAA im Sommer 2009 vorgestellt haben; ein Projekt, das gleichzeitig ein nie vorher dagewesenes Nichts darstellt, und eines, das anscheinend auf die etymologischen Wurzeln des Wortes Pavillon zurückgehen möchte. Von seiner lange dauernden Beschäftigung mit dem Versuch, eine verlorene Vergangenheit wiederzugewinnen, ist der Pavillon im Lauf des 20. Jahrhunderts zu seiner ursprünglichen Aufgabe, die Vorstellungskraft freizusetzen, um noch zu verwirklichende Gegenwarten und Zukünfte in Angriff zu nehmen, zurückgekehrt.

While World's Fairs have declined in their role as major pilgrimage sites for secular commercial culture, the pavilion has found a surprising new role as temporary installations for art museums and galleries, conquering the long-standing problem of the difficulty of displaying architecture by commissioning it. P.S.1 was a pioneer in this with its annual Young Architect's Program (YAP), but it has been London's Serpentine Gallery which has exploited the new genre to its fullest potential. With virtually no program, architects for example Rem Koolhaas | fig. 14 | or Frank Gehry | fig. 15 | are invited to a degree of innovation constrained only by budget and time frame. Since Zaha Hadid's pavilion in 2000, solutions have varied from inward focused containers for the production of experience and sensation—notably in artist Olafur Eliasson and architect Kjetil Thorsen's 2007 design—to tents and canopies of the sort often preferred also at New York's P.S.1. The most ephemeral to date is summer 2009's set of cloud-like canopies offered by the Japanese minimalists SANAA, a project at once that produces an unprecedented, almost nothingness, and one that seems to return to the very etymological origins of the pavilion. From its long time dalliance with the task of trying to recuperate a lost past, the pavilion has returned over the course of the twentieth century to its original task of unleashing the imagination to take on yet to be presents and futures.

**Der Pavillon**
Eine Geschichte der beständigen Vergänglichkeit
| **The Pavilion**
 A History of Enduring Transience

Kerstin Bußmann

## Vom Papillon zum Pavillon

Häuser können nicht wandern, aber die Vorstellung, dass sie es könnten, ist auch in der Geschichte der Architektur nicht folgenlos geblieben. Bereits in einem fabelartigen, spätantiken Roman über das Leben Alexanders des Gro-ßen wird von einem mobilen, steinernen Pavillon berichtet, mit dem sich die Königin Kandaka zu den Kriegsschauplätzen ihrer Armeen bringen ließ. Weiter nach Osten vordringend, werden die beweglichen Bauten umso fantastischer, bis Alexander schließlich in Indien in einem Chattree – einem indischen Pavillon – durch die Lüfte fliegt, um aus der Höhe die wirkliche Form der Erde zu erkennen.[1]

Untrennbar verbunden mit diesem Bautyp scheint der Charakter des zeitlich bedingten Gebrauchs und der Bewegung zu sein. Die Ableitung des Begriffs vom lateinischen Wort »papilio« (Schmetterling, im Spätlateinischen Zelt) weist darauf hin. Ebenso vermag ein Pavillon nicht ohne direkten Bezug zur umgebenden Welt gedacht werden, der freie Blick auf diese bestimmt nicht nur den »Alexanderroman«, sondern gehört zum wesentlichen Prinzip des Pavillons.

## Ein Gast aus fernen Ländern

In Europa schon seit dem Alten Ägypten bekannt, wurde die Existenz dieses flüchtigen Bauwerks in anderen Kulturkreisen, wie dem Vorderen Orient, Indien, Thailand – das frühere Siam – sowie China und Japan als Ort des Vergnügens wie für sakrale Momente erst im 17. Jahrhundert von den Europäern vermehrt wahrgenommen. Als architektonisches Experiment en miniature fand er nun vielfach seinen Niederschlag in den Gartenanlagen des Adels.

Seit dem Mittelalter wurde China im Okzident als Land der Wunderdinge und des Wohllebens angesehen. Nachdem es sich über Jahrhunderte abgeschottet hatte,[2] rückten vermehrte Handelskontakte das Reich der Mitte in der Neuzeit stärker ins europäische Bewusstsein.

Der Jesuit Matteo Ripa zeigte 1724 in England seine Bilder der kaiserlichen Paläste und Gärten Chinas, die zusammen mit den ersten möglichen Reiseberichten der Neuzeit bildhafte Anregungen für die Parkarchitekturen der europäischen Gärten gaben.[3] Diese Veröffentlichungen unterstützten die Verbreitung der im Abendland populär gewordenen Texte des Konfuzius und Laotse, welche die Grundlage für eine Umwälzung der europäischen Landschaftswahrnehmung boten. Für die chinesischen Philosophen bestimmte die Einordnung des Menschen in Natur und Gesellschaft maßgeblich die Kunst und die Gärten als eine Reflexion über die Welt. Diese chinesischen Prinzipien heben die Grünanlagen als den Ausschnitt einer kosmologischen Landschaft, als Ort der Kontemplation, Meditation und Stille hervor. Innerlichkeit ist sein Daseinszweck und die Gebäude waren die »Pavillons des Gelehrten«[4].

## From Papillon to Pavilion

Dwellings cannot move from place to place. The notion that they could, however, has influenced the history of architecture in a significant way. In a fable-like legend from Late Antiquity about Alexander the Great's life, an account is given of Queen Candance being brought to the theaters of war in a mobile pavilion made out of stone to observe her armies. Further to the East, the mobile buildings become all the more fantastic. In the legend, Alexander eventually flies through the air in India in a Chattree—an Indian pavilion—to discern the shape of the earth from on high.[1]

Limited use and mobility seem to characterize and inseparably link this building type. The term, from the Latin word "papilio" (butterfly, or tent in late Latin), alludes to this derivation. Likewise, it is impossible to think about the pavilion without connecting it to the world around it. An unfettered view of this world not only defines the "Alexander romance," it belongs to the essential principle of the pavilion.

### A Guest from Far Away Lands

Known in Europe since ancient Egypt, Europeans first noticed an increased number of these transient structures in the seventeenth century, in other cultural areas such as the Middle East, India, Thailand—formerly Siam—as well as China and Japan; the structures were places for amusement and sacred events. As an architectonic experiment en minature, its likeness could be found multiplied in the gardens of the nobility.

From the Middle Ages onward, China in the Far East had been seen as a land of marvels and luxuriousness. After having sealed off itself for centuries, an increasing number of trade contacts in the modern age had brought the Middle Kingdom more strongly into the European consciousness.[2]

In 1724 in England, the Jesuit Matteo Ripa presented his paintings of the Imperial Palaces and Chinese gardens, which, along with the first possible travel reports of the modern age, provided pictorial stimulation for the park designs of European gardens.[3] These publications helped to disseminate the texts of Confucius and Lao Tse that had become popular in the Occident, and which provided the foundation for the European revolution in the perception of the landscape. For Chinese philosophers, the classification of man in nature and society was decisively defined by art and the garden as a reflection of the world. These Chinese principles emphasized the park as a cutout of a cosmological landscape, as a place of contemplation, meditation, and quietude. Inwardness is the goal of its existence and the buildings were the "pavilions of the learned."[4]

## The Anglo-Chinoise Garden

One of the most avid proponents of Confucianism in Europe was the Englishman Sir William Temple, who by 1685, had authored an essay featuring a detailed account of Chinese parks.[5] In England, this helped to popularize gardens called "sharawadgi," which featured curving paths, clearings, and rondels with a pavilion or a statue at the center. Chinese design principles were therefore integrated into European gardens.[6] There was no uniform repertoire of forms for these park designs. Everything removed from the classic ideal could be described as "exotic." In each case, this meant the derivation of or the association to Chinese buildings. Alongside a use of color that was unusual for the time, these structures were characterized by how they were divided into smaller parts, and by their affinity for elegant or oddly wavy curves, rather than the obvious right-angularity of classical column-architrave architecture. From 1750 to 1752, William and John Halfpenny published a catalogue of templates for these grotesque-exotic designs. Their examples were, however, rather small Rococo designs |**fig.1**|.[7]

In London in 1757, the English court architect William Chambers attempted to distance himself from these "uncertainties" in design by publishing *Designs of Chinese Buildings, Furniture, Dresses, Machines, and Utensils* in which he claimed to present more authentic visual examples.[8] Chambers had served in the Swedish East Indian Company and had therefore visited India and China multiple times, where architectural studies was his passion. Even if the reproductions of his publication are not true-to-life, in many details, they are beholden to a European-classical principle. His was the first historical book, devoted to Chinese architecture, to receive exemplary attention in Europe.

From 1757 to 1762, in Kew Gardens, Chambers was the first to successfully realize the Anglo-Chinoise notion of the garden. A wide range of Staffage designs, such as the House of Confucius, the Greek Roman Temple, a Roman ruin arch, a Gothic structure, a mosque, a Moorish dwelling, called "Alhambra," and an enormous pagoda can be found in the park. With the introduction of these diverse pavilions, but primarily the building type he designated as "ting"—whose terminology he had derived from Chinese—Chambers succeeded in creating a solid design foundation for the mass demand of small buildings, which was also intended to inspire successive generations of architects |**fig.2**|.

## Der anglo-chinoise Garten

Einer der eifrigsten Verfechter des Konfuzianismus in Europa war der Engländer Sir William Temple, der schon 1685 einen Essay mit einer detaillierten Beschreibung der chinesischen Parkanlagen verfasste.[5] Davon abgeleitet wurden nun in England »sharawadgi« genannte Gärten mit geschwungenen Wegen, Lichtungen, Rondells mit einem Pavillon oder einer Statue in der Mitte beliebt. Dadurch flossen chinesische Gestaltungsprinzipien in die europäische Gärten ein.[6] Für die Architekturen in diesen Anlagen gab es kein einheitliches Formenrepertoire. Alles vom Ideal der Klassik Entfernte konnte als »exotisch« bezeichnet werden. Gemeint wurde jedes Mal die Ableitung von chinesischen Bauten beziehungsweise die Assoziation mit diesen. Charakteristisch war für sie – neben einer für damalige Verhältnisse ungewöhnlichen Farbenpracht – ihre Kleinteiligkeit und die Neigung zu elegant oder bizarr geschwungenen Kurven statt der klaren Rechtwinkligkeit der klassischen Säule-Architrav-Architektur. Ein Musterbuch für diese grotesk-exotischen Entwürfe veröffentlichten William und John Halfpenny in den Jahren 1750 bis 1752. Ihre Vorlagen waren allerdings eher kleine Rokokoarchitekturen |**Abb. 1**|.[7]

Gegen diese »Ungenauigkeiten« der Entwürfe versuchte sich der englische Hofarchitekt William Chambers durch das 1757 in London erschienene Werk *Designs of Chinese Buildings, Furniture, Dresses, Machines and Utensils* abzugrenzen, indem er behauptete, authentischere Bildvorlagen liefern zu können.[8] Chambers hatte in der schwedischen Ostindienkompanie gedient und war dadurch mehrere Male in Indien und China gewesen, wo er sich mit Architekturstudien befasste. Wenn auch die Abbildungen seiner Veröffentlichung in vielen Details nicht wirklichkeitsgetreu und einem europäisch-klassischen Prinzip verpflichtet sind, so war sein Buch doch die erste historische Würdigung chinesischer Baukunst, die in ganz Europa vielfach Beachtung fand.

Die anglo-chinoise Gartenidee konnte Chambers erstmals in Kew Gardens von 1757 bis 1762 verwirklichen. Verschiedenste Staffagearchitekturen wie das Haus des Konfuzius, griechisch-römische Tempel, ein römischer Ruinenbogen, ein gotischer Bau, eine Moschee, ein maurisches Haus, »Alhambra« genannt, und eine große Pagode sind im Park zu finden. Mit der Einführung dieser unterschiedlichen Pavillons, doch vor allem des von ihm als »Ting« bezeichneten variablen Bautyps, dessen Begriff er aus dem Chinesischen abgeleitet hatte, war es Chambers gelungen, für den massenhaften Bedarf an Kleinbauten eine solide gestalterische Grundlage zu schaffen, die auch den nachfolgenden Architektengenerationen noch Anregungen liefern sollte |**Abb. 2**|.

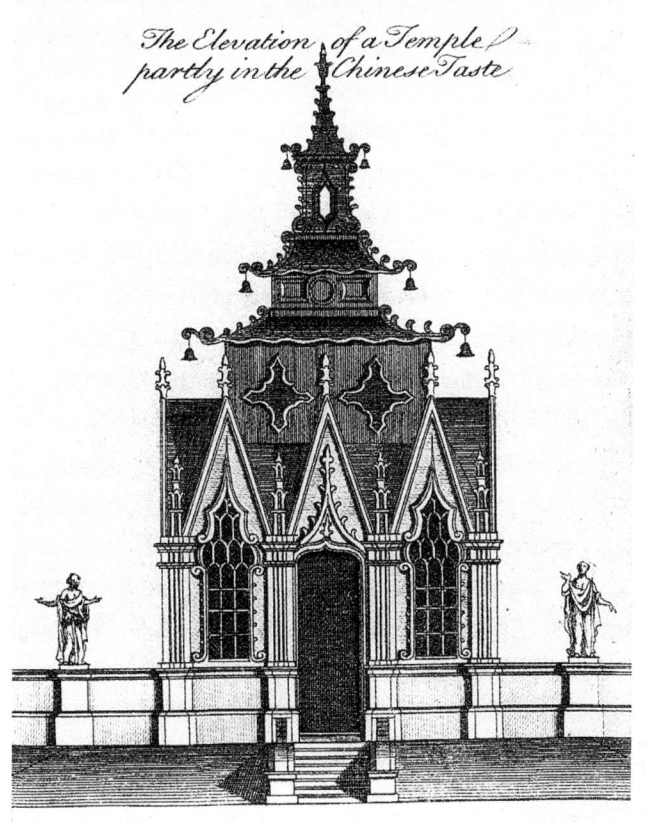

1   Musterentwurf für einen chinesischen Gartentempel
    | Prototype design for a Chinese garden temple
2   Pavillon »Ting«
    | "Ting" Pavilion

3

4

5

3  Palazzina Cinese, Palermo, 1802–1815
   | Palazzina Cinese, Palermo, 1802–15
4  Samuel Pepys Cockerell, Landhaus Sezincote
   in Gloucestershire, 1803
   | Samuel Pepys Cockerell, Sezincote country
   house in Gloucestershire, 1803
5  John Nash, Royal Pavilion in Brighton, 1813–1823
   | John Nash, Royal Pavilion in Brighton, 1813–23

Ausgehend von den Gärten Chinas und der konfuzianischen Philosophie sollten diese aufeinander abgestimmten Pavillons, Skulpturen und Anpflanzungen in der chambersschen Vorstellung eine philosophische Reise symbolisieren. Ziel war ein illusionistisches »Paradies«, in dem jeder Weltteil mit einem charakteristischen Bauwerk vertreten war. Durch die Betrachtung und die dadurch hervorgerufenen Emotionen sollte eine »Reise zur inneren Erkenntnis« ermöglicht werden.

## Zeltarchitekturen

Schon im 18. Jahrhundert bereicherten Zeltarchitekturen als »türkischer Kiosk«[9] die Kleinbauten in ihrer Variationsbreite und betonten den Ursprung des Pavillons als Provisorium. Zelte gelten als Unterkünfte der Reisenden, bieten nomadische Momente des Stillstandes inmitten der Bewegung. Der ständigen Veränderung unterliegend, bieten sie eine Gegenwelt zur festen Behausung. Ob als Wohnbau, Gartenstaffage oder städtisches Kaffeehaus – das erste wurde in Paris im Jahr 1780 eröffnet –, sie enthielten einen Hinweis auf die osmanische Kultur, deren Zeltstädte bei den Belagerungen Wiens in den Jahren 1529 und 1683 deutliche Spuren in der bildenden Kunst Europas hinterlassen hatten.

## Räume zum Träumen

Um 1800 wurde die Gestaltung der Pavillons auf Lustschlösschen oder Landhäuser übertragen. Ein eindrucksvolles Beispiel bietet die Palazzina Cinese bei Palermo |**Abb. 3**|. Von 1802 bis 1815 wurde diese eklektizistische Villa für das neapolitanische Königshauses zu einem Exilsitz ausgebaut. Die bekanntesten Bauten der englischen Indienbegeisterung, die als repräsentative Wohnbauten den Pavillon zitieren, sind das Landhaus Sezincote |**Abb. 4**| und der von John Nash ab 1815 errichtete Royal Pavilion in Brighton |**Abb. 5**|. Die Ausgestaltung von Sezincote wurde durch die Anforderungen eines wohlhabenden Grundbesitzers, der als ehemaliger Beamter der East India Company die Annehmlichkeiten Indiens zu schätzen gelernt hatte, auf Repräsentation und Wohnlichkeit hin bestimmt. Obwohl das Landhaus im Grundriss eine zweiflügelige Schlossanlage zu bilden scheint, ist es die Zusammenfügung unterschiedlicher Bauteile, die sich wie eine bewegte Addition von Pavillons darbietet. Für den Thronanwärter George IV. wurde der Lustpavillon in Brighton errichtet. Dieser besteht aus einer linearen Aneinanderreihung von orientalisch anmutenden Zeltdächern und Kuppeln, die jeden üppig dekorierten Bauteil bekrönen. Gemeinsam ist diesen Objekten eine Abwendung von der realen Welt der Politik und Gesellschaft und eine Hinwendung zu einer Architektur, die einen luxuriösen, durch Heiterkeit geprägten Aufenthalt verspricht.

According to Chambers's ideas, these pavilions, sculptures, and plantings, arranged in a relationship to one another, were based on Chinese gardens and Confucian philosophy, and meant to symbolize a philosophical journey. The goal was an illusionistic "paradise," where each part of the world was represented by a characteristic structure. Through contemplation and the consequential emotions elicited, a "journey of inward discovery" was to take place.

### Tent Designs

By the eighteenth century, tent designs in the form of the "Turkish kiosk"[9] added to the range and variety of the compact dwellings, and emphasized the origin of the pavilion as a makeshift, temporary structure. Tents provide travelers with accommodation, offering nomadic moments of repose in the middle of a journey. Designed for constant change, they represent an opposite world to fixed dwellings. Whether as lodging, garden Staffage constructions, or urban coffeehouses (the first opened in Paris in 1780), they contained a hint of Ottoman culture, whose tent cities during the occupation of Vienna in 1529 and 1683 had left obvious traces on the fine arts of Europe.

### Rooms for Dreaming

Around 1800, compact pleasure palaces and country houses adopted the pavilion design. The Palazzina Cinese near Palermo offers a striking example of this |**fig. 3**|. From 1802 to 1815, this eclectic villa was converted into a seat of exile for the Neapolitan Crown. The most well-known English structures that display an enthusiasm for India's pavilions as prestigious residences are the country house Sezincote |**fig. 4**|, and the Royal Pavilion in Brighton, built by John Nash starting in 1815 |**fig. 5**|. Sezincote's design was the result of a request from an affluent property owner, who, as a former officer of the East India Company, had learned to appreciate the pleasures as defined by the status and comfort of India. Even though the country house appears to form a double-winged palace in the plan view, the joining of various structural elements presents itself like an animated addition of pavilions. The pleasure pavilion in Brighton was constructed for George IV, heir to the throne. The pavilion consisted of a linear arrange-ment of oriental-looking tented roofs and cupolas crowning each structural element, which were ornately decorated. Cumulatively, they share an avoidance of the real world of politics and society, and embrace an architecture that promises a sojourn of luxury and amusement.

## World's Fairs

With the French colonization of Northern Africa and the discovery of the Orient as the origin of Greek antiquity, the nineteenth century was primarily shaped by an increased engagement with Islamic influenced regions and their cultural outputs. From the start, the architectonic presentations of the World's Fairs catered to the public's thirst for sensation through lavish presentations. In 1878, the "Rue des nations" was erected on the Champ-de-Mars in Paris. Here, a street winded through an arrangement of pavilions, whose designs were meant to convey an idea of each style common to the rural setting |fig. 6|. In the decades that followed, these structures inspired countless reproductions.

Yielding to the incipient push toward scientific precision, it became increasingly important to make architectonic elements visible as citations. Precise details on how to achieve this were presented by publications such as those by Owen Jones or Émile Prisse d'Avennes.[10] They facilitated the popularization of buildings that provided an oriental flair by supplying detailed, accurate reproductions. Pavilions were now built everywhere with inexpensive materials, such as cast iron and wood, based on more cost-efficient industrial production methods. The Turkish Pavilion in the Rumpenheim Schlosspark in Offenbach, which approximated the catalogue templates of its era, was also constructed according to this system |fig. 7|. This primarily wood construction, on view at one of the early World's Fairs (most likely Paris in 1855), was likely purchased by one of the descendents of the Landgrave Friedrich von Hessen-Kassel, and set up on the eastern section of the gardens during property expansions which started in 1858.

## Weltausstellungen

Mit der französischen Kolonialisierung Nordafrikas und der Entdeckung des Orients als Ursprung der griechischen Antike entstand im Verlauf des 19. Jahrhunderts vor allem eine verstärkte Auseinandersetzung mit den islamisch geprägten Gebieten und deren kulturellen Erzeugnissen. Die architektonischen Inszenierungen der Weltausstellungen bedienten von Beginn an durch aufwendige Inszenierungen die Sensationslust des Publikums. 1878 wurde auf dem Pariser Marsfeld die »Rue des Nations« errichtet, eine durch aneinander gereihte Pavillons führende Straße, deren Bauwerke eine Vorstellung des jeweils als landestypisch angesehenen Stils vermitteln sollten |Abb. 6|. In den nächsten Jahrzehnten inspirierten diese Bauten zu unzähligen Nachbildungen.

Dem einsetzenden Drang nach wissenschaftlicher Exaktheit gehorchend, wurde es immer wichtiger, architektonische Versatzstücke als Zitate erkennbar zu machen. Exakte Details zur Umsetzung lieferten Veröffentlichungen wie die von Owen Jones oder Émile Prisse d'Avennes.[10] Sie unterstützten die Popularisierung der orientalisierenden Bauten durch detailgenaue Wiedergaben. Aufgrund kosten-günstiger industrieller Fertigung entstanden nun überall Pavillons aus preiswerten Materialien wie Gusseisen und Holz. Nach diesem System erfolgte auch die Errichtung des Türkischen Pavillons im Rumpenheimer Schlosspark in Offenbach, der sich den Musterbuchvorlagen seiner Zeit annähert |Abb. 7|. Dieser überwiegend aus Holz bestehende Bau wurde auf einer der frühen Pariser Weltausstellungen, anzunehmen ist 1855, wahrscheinlich von einem der Nachfahren des Landgrafen Friedrich von Hessen-Kassel erworben und im Rahmen der seit 1858 durchgeführten Erweiterung im östlichen Teil der Gartenanlage aufgestellt.

6 »Rue des Nations«, Weltausstellung Paris, 1878
| "Rue des nations," Paris Exposition Universelle, 1878
7 Türkischer Pavillon im Rumpenheimer Schlosspark, 1858
| Turkish Pavilion in Rumpenheim Palace Park, 1858
8 Jean-Léon Gérôme, *Der Harem im Kiosk,* 1870,
Öl auf Leinwand, 76,2 x 111 cm, Privatsammlung
| Jean-Léon Gérôme, *The Harem in the Kiosk,* 1870,
oil on canvas, 76.2 x 111 cm, private collection

9

10

11

12

9  Louis Garneray, »Montagne Russe«, Achterbahn in
   einem Pariser Vergnügungspark, frühes 19. Jahrhundert
   | Louis Garneray, "Montagne Russe," rollercoaster at a
   Parisian amusement park, early nineteenth century
10 Observatorium Mishra Yantra, Neu-Delhi, 18. Jahrhundert
   | Mishra Yantra Observatory, New Delhi, eighteenth century
11 Bruno Taut, Kristallhaus, 1919
   | Bruno Taut, Kristallhaus, 1919
12 Chamukhte-Tempel, Palitana, Indien
   | Chamukhte Temple, Palitana, India

## Vergnügungsarchitekturen

Was zuerst dem elitären Geschmack diente und durch seinen innovativen Charakter überzeugte, gleichzeitig auch die Lustbarkeiten der internationalen High Society dokumentierte, wurde schließlich zum großstädtischen Phänomen. Freilufttheater, Pavillons in den Bade- und Kuranlagen sowie die architektonisch an die ferne Herkunft der Tiere erinnernden Unterstände in zoologischen Gärten, Treibhäuser, aber auch die Musik- und Aussichtspavillons in öffentlichen Parkanlagen folgten dem Unterhaltungsverlangen der Zeit. Unabhängig von der Bedeutung der außereuropäischen Bauten wurden diese zuweilen extrem transformiert. Im frühen 19. Jahrhundert wurde die »Montagne Russe« konstruiert, eine Achterbahn in einem Pariser Vergnügungspark, die deutliche Bezüge zum Observatorium Mishra Yantra in Neu-Delhi von 1710 aufweist | **Abb. 9 | 10**|. Solche architektonischen Orientalismen boten für wenige Stunden die Möglichkeit zur Flucht aus der industrialisierten Realität, um in eine märchenhaft sinnliche und »unzivilisiert« farbenprächtige Welt einzutauchen, wie sie die Bilder der Orientmaler farbenprächtig imaginierten | **Abb. 8** |.

## Ex oriente lux

Hundert Jahre nach dem Royal Pavilion in Brighton stand Südostasien erneut im Mittelpunkt des Interesses. Mit einer weiteren Welle des Orientalismus versuchte man einen Neuansatz für das alltägliche Leben zu entwickeln, worum sich auch die Lebensreformbewegung und die Theosophie bemühten.[11] Nicht umsonst sahen die Architekten das »Licht« der neuen Erkenntnis aus dem Osten kommen. Das römische Schlagwort »ex oriente lux« wurde gerne gebraucht, so auch von Bruno Taut 1919 für den Titel eines Aufsatzes,[12] und Erich Mendelsohn pries die Pagode, »die ihren Formenrausch breit austrägt, die Welt mit der Urwüchsigkeit ihres Dschungellebens zu beglücken«[13].

Nach einer ersten Annäherung dank der Weltausstellungen sind es die Reisen in den Orient, die, wie bei Bruno Taut, Frank Lloyd Wright und Le Corbusier dokumentiert, eine nachhaltige Faszination für die Funktionalität der Konstruktionsprinzipien und für die Schlichtheit der nordafrikanischen wie auch der japanischen Bauweise hervorriefen. Tauts Reisen zwischen 1916 bis 1938 von Istanbul über Russland bis nach Japan finden ihren deutlichen Niederschlag in seinen Konzepten in *Das japanische Haus und sein Leben*.[14] Neben der mit eigenen Augen gesehenen Architektur sind ihm genauso die nur auf Fotografien bewunderten hinduistischen Tempelanlagen Indiens und die buddhistischen Pagoden in Burma und Thailand Vorbild. Sein Entwurf zum Kristallhaus, 1919, kann dem Chamukhte-Tempel in Palitana, Indien, gegenübergestellt werden | **Abb. 11 | 12**|.[15]

## Pleasure Designs

What first served elite tastes and won over admirers through its innovative character, while also being witness to the revelries of international high society, eventually became a big city phenomenon. Open-air theaters, pavilions in public baths and spas, zoo shelters designed to bring to mind the distant origins of the animals, and greenhouses, but also music and viewing pavilions in public parks, followed the entertainment demands of the times. These were occasionally transformed in extreme ways, extant of the meaning of the non-European buildings. The "Montagne Russe," a rollercoaster in a Parisian amusement park that clearly demonstrated a connection to the Mishra Yantra observatory, founded in New Delhi in 1710 | **figs. 9 | 10**|, was constructed at the beginning of the nineteenth century. For a few hours, such oriental architectonic expressions offered one the chance to escape from an industrialized reality by immersing oneself in a sensuous fairy tale-like, "uncivilized," and exquisitely colorful world, as imagined in the radiant pictures of oriental painters | **fig. 8**|.

## Ex Oriente Lux

One hundred years after the Royal Pavilion in Brighton, South East Asia stood again at the center of European attention. With another wave of enthusiasm for the Orient, people sought to develop a new approach to everyday life, a goal toward which the Lebensreform or "back to life" movement and theosophy also strived.[11] It was no coincidence that architects noticed the "light" of the new awareness coming from the East. The Roman slogan "ex oriente lux" was used frequently, for instance, by Bruno Taut in 1919 for the title of his essay,[12] and Erich Mendelsohn extolled the virtues of the pagoda "whose intoxication of forms widely succeeds in delighting the world with the primordial quality of its jungle existence."[13]

Following initial exposure, thanks to the World's Fair, it was travels to the Orient that provoked a lasting fascination for the functionality of the construction principles, and for the simplicity of North African as well as Japanese building methods, as documented by Bruno Taut, Frank Lloyd Wright and Le Corbusier. Taut's travels during 1916 to 1938, from Istanbul to Russia to Japan, were clearly reflected in *Houses and People of Japan*.[14] The architecture he witnessed influenced him as much as the Hindu temples in India, and the Buddhist pagodas in Burma and Thailand that he was only able to admire in photographs. Parallels can be drawn between his 1919 design for the Kristallhaus and the Chamukhte Temple in Palitana, India | **figs. 11 | 12**|.[15]

As before, the international expositions served the garden as a stage for experimental, architectonic modes of expression. An open space had been created there for experimenting with styles and materials outside classic conventions and building regulations. For his multifaceted utopian designs, Taut put the experimental character of the pavilion to use. To avoid having his architectonic visions exist not only on paper, he executed his designs as exhibition constructions; here, an example is the legendary glass house of the 1914 exhibition of the German Work Federation in Cologne. Correspondingly, Konstantin Melnikov's Soviet Pavilion at the 1925 *Exhibition Internationale des Arts Décoratifs et Industriels Modernes* in Paris, was also the first and simultaneously triumphal appearance of post-revolutionary architecture before the eyes of the world. With a structure fusing airiness and transparency, Melnikov devised novel spatial solutions along the lines of El Lissitzky's "transformable spaces," which, like Japanese dwellings, facilitated various types of uses and movements | **fig. 13**|.

### The Ideal of Clarity

The revolutionary identity of twentieth century architects did not mean that they renounced influences. Rather, new impulses were sought after and assimilated. "Besides, the centuries have not soiled our hands. Far from it they have filled them." [16] In view of such statements, it is not surprising that it is inconceivable to think of Le Corbusier's work without impressions of Islamic culture. It was he who had visited Istanbul during his major travels to the Orient in 1911, and it was he who recognized the underlying spatial relationships beneath the opulence of the décor, which he integrated into his designs. [17] Le Corbusier also incorporated the Cubist dwellings of North Africa into his building constructions. This is strikingly evidenced in the first design of the Citrohan House (1919–20), featuring the clearly arranged geometries of the exceedingly flat façades and the untextured smoothness of the walls, crowned by a rooftop terrace | **fig. 14**|.

Wie zuvor der Garten dienten die internationalen Ausstellungen als Bühne für experimentelle architektonische Ausdrucksmöglichkeiten. Dort ist ein Freiraum geschaffen worden, um sich außerhalb der klassischen Konventionen und Bauordnungen an Stilformen und Materialien zu versuchen. Für seine vielfältigen utopischen Entwürfe nutzte Taut den experimentellen Charakter des Pavillons. Damit seine architektonischen Vorstellungen nicht nur auf dem Papier bestanden, wählte er die Möglichkeit des Ausstellungsbaus zur Umsetzung; beispielhaft kann das legendäre Glashaus der Werkbundausstellung von 1914 in Köln angeführt werden. Dementsprechend war auch der sowjetische Pavillon auf der Internationalen Ausstellung der dekorativen und angewandten Kunst 1925 in Paris von Konstantin Melnikow der erste und zugleich triumphale Auftritt der nachrevolutionären Architektur vor den Augen der Welt. Mit einem in Leichtigkeit und Transparenz aufgelösten Baukörper entwickelte Melnikow neuartige Raumlösungen im Sinne von El Lissitzkys »transformablen Räumen«, die wie japanische Häuser verschiedene Benutzungs- und Bewegungsarten erlaubten | **Abb. 13**|.

### Das Ideal der Klarheit

Das revolutionäre Selbstverständnis der Architekten des 20. Jahrhunderts bedeutete nicht, dass sie auf Vorbilder verzichteten, sondern dass neue Anstöße gesucht und assimiliert wurden. »Im Übrigen beschmutzt die Geschichte nicht unsere Hände. Im Gegenteil, sie füllt sie uns.« [16] Nach solchen Aussagen verwundert es nicht, dass Le Corbusiers Werk nicht ohne die Impressionen der islamischen Kultur zu denken ist. Er war es, der auf seiner großen Orientreise 1911 Istanbul besucht hatte und hinter dem Reichtum des Dekors die konstituierenden räumlichen Verhältnisse erkannte und in seinen Bauten umsetzte. [17] Ebenso flossen die kubischen Wohnbauten Nordafrikas in seine Konstruktionen ein, wie es markant am ersten Entwurf des Citrohan-Hauses (1919/20), durch seine klare geometrische Anordnung der äußerst flachen Fassaden und der strukturlosen Glätte der Mauerflächen, bekrönt von einer Dachterrasse erkennbar ist | **Abb. 14**|.

13

14

13  Konstantin Melnikow, Sowjetischer Pavillon auf der
    *Exposition Internationale des Arts Décoratifs et
    Industriels Modernes,* Paris 1925
    | Konstantin Melnikov, Soviet Pavilion at the *Exposition
    Internationale des Arts Décoratifs et Industriels
    Modernes,* Paris 1925
14  Le Corbusier, Entwurf Citrohan-Haus, 1919/20
    | Le Corbusier, Citrohan House plan, 1919–20

Das Leben selbst
gibt die ein-
fachsten
Formen

Form
ist
Natur

Haus,
Baum als
Knotenpunkt –
Steinwege,
Rasen,
Büsche,
Azaleen –
alles
einfachste
Lebens-
formen!

**15** Bruno Taut, »Das Leben selbst gibt die einfachsten
Formen«, aus: *Gedanken nach dem Besuch in Katsura,*
1934, Tusche auf Japanpapier
| Bruno Taut, "The simplest forms are found in nature,"
from *Gedanken nach dem Besuch in Katsura,*
1934, ink on Washi

Kerstin Bußmann                    Der Pavillon. Eine Geschichte der beständigen Vergänglichkeit

## Modul und Natur

Obgleich Ludwig Mies van der Rohe 1924 behauptete, dass es »ein aussichtsloses Bemühen [ist], Inhalt und Formen früherer Bauepochen unserer Zeit nutzbar zu machen«[18], waren viele europäische Architekten nicht willens, sich von historischen und außereuropäischen Vorbildern zu lösen. Die traditionelle japanische Bauweise schien in ihrer Versachlichung der natürlichen Materialien, der klaren Formgebung und des »offenen Grundrisses« den veränderten politischen wie sozioökonomischen Verhältnissen Europas gerecht zu werden. Die Villa Katsura, um 1640 in Kyoto errichtet, galt als die architektonische Ikone, von welcher die veränderten Bauprinzipien abgeleitet wurden | **Abb. 15**|. Die Architektur Japans, eingebunden in die umliegende Natur wie ein Gartenpavillon, erinnert an das Provisorium der imaginierten Urhütte. Durch die Rezeption der japanischen Bauweise übernahm das Abendland einen Aspekt, der bisher nur in den Pavillons der Gärten zu finden war: eine Öffnung hin zur Umgebung, eine völlige Durchdringung des Hauses durch die Natur. Die Schlichtheit der Raumarchitektur wählt sich den Landschaftsausblick als Bild. Westliche Architekten setzen sich seit dem ausgehenden 19. Jahrhundert bis hin zur Gegenwart mit der Architektur Japans auseinander. Schon seit den 1890er-Jahren sind an den frei stehenden Privathäusern Frank Lloyd Wrights nicht zu verleugnende Übernahmen zu erkennen. Er arbeitete jahrelang in Japan und baute in Tokio von 1916 bis 1922 das Imperial Hotel. Auch Mies van der Rohe, von Frank Lloyd Wright zur Auseinandersetzung mit dem japanischen Wohnbau angeregt, setzte die Verbindung zum Außenbereich in seinen Planungen systematisch um. Der Ausstellungspavillon der Weimarer Republik auf der Weltausstellung 1929 in Barcelona von Mies van der Rohe wie auch seine zeitgleich entstandene Villa Tugendhat in Brünn weisen darauf hin.[19]

## Module and Nature

Although Mies van der Rohe professed in 1924 that "it is hopeless to try to use the forms of the past in our architecture," [18] many European architects were unwilling to disengage themselves from historical and non-European influences. Traditional Japanese building methods seemed given to natural materials, clear designs, and "straightforward layouts," to match the altered political and socio-economic circumstances of Europe. The Villa Katsura, built around 1640 in Kyoto, was regarded as the architectonic icon from which the modified building principles were derived |**fig. 15**|. The architecture of Japan, incorporated within the surrounding natural environment like a garden pavilion, recalls the makeshift, temporary solutions of imagined ancient huts. In adopting Japanese building methods, the Occident absorbed an aspect that, up to that point, had only been found in the pavilions of gardens: an opening toward the surrounding environment, and a complete penetration of the house by nature. The simplicity of spatial architecture chose the view of landscape as its own view. Western architects have grappled with the architecture of Japan from the waning years of the nineteenth century to the present day. Visible by the eighteen-nineties on Frank Lloyd Wright's freely standing private homes are irrefutable borrowings. He worked for years in Japan and built the Imperial Hotel in Tokyo between 1916 and 1922. Mies van der Rohe, motivated by Frank Lloyd Wright to engage Japanese domestic architecture, also systematically incorporated a connection to the outdoors in his designs. Both Mies van der Rohe's pavilion for the Weimar Republic at the Barcelona Universal Exposition in 1929, as well as his Villa Tugendhat in Brno, created at the same time, are examples of this.[19]

## A Universal Dwelling

In their manner of being restricted to limited periods of use, and of being physically integrated within the surrounding environment, pavilions recall the origins of man and let those leading sedentary lives feel a yearning for a once nomadic existence. If immersing oneself in the metamorphoses of the pavilion over the course of its history, then the panorama of an enduring form emerges which, in spite of its inconsistency, appears capable of gaining a foothold at any time and at any place, and of making itself available for the most varied of purposes. Built since the seventeenth century in increasing numbers in Europe, the result of an intensified encounter with Asian cultures and the Islamic world not only offered the possibility to experiment with building styles, forms, and materials, but also stood for a syncretic process. Out of the phenomena of antiquity—the hut and the tent—a guest from foreign lands evolved from a set of the simplest building elements to an experimental test for new cultural experiments. It almost seems as though the new configuration of the pavilion would serve as the universal dwelling for our own era of mass migrations.

## Eine universelle Behausung

In ihrer zeitlichen Begrenztheit und Eingebundenheit in die Umgebung erinnern Pavillons an den Ursprung des Menschen und lassen den Sesshaften eine Sehnsucht nach dem ehemals nomadischen Leben spüren. Versenkt man sich in die Metamorphosen des Pavillons im Verlauf seiner Geschichte, so entfalten sie sich zum Panorama eines langlebigen Gebildes, das jederzeit fähig zu sein scheint, trotz seiner Unstetigkeit überall Fuß zu fassen und sich für die unterschiedlichsten Zwecke anzubieten. Seit dem 17. Jahrhundert durch ein intensiviertes Zusammentreffen mit den Kulturen Asiens und der islamischen Welt vermehrt im Abendland errichtet, bot er nicht nur die Möglichkeit mit Baustilen, Formen und Materialien zu experimentieren, sondern steht für einen synkretistischen Prozess. Aus dem Phänomen der Vorzeit – der Hütte und dem Zelt – wurde ein Gast aus fernen Ländern, aus einem Satz einfachster Bauelemente eine Versuchsanordnung für neue kulturelle Experimente. Beinahe erweckt es den Anschein, als würde der Pavillon in neuer Zurichtung zur universellen Behausung für unsere eigene Völkerwanderungszeit.

1   Als »Alexanderroman« werden die romanhaften antiken und mittelalterlichen Biografien Alexanders des Großen bezeichnet. Die älteste lateinische Version ist die des Iulius Valerius Polemius vom Beginn des 4. Jahrhunderts.
    | The ancient Roman and medieval biographies of Alexander the Great are designated as "Alexander romances." The oldest Latin version is by Julius Valerius Polemius from the beginning of the fourth century.

2   Seit 878 hatte sich China für alle Fremden abgeschlossen und blieb bis in das 19. Jahrhundert unzugänglich. Lediglich den Kaufmannsrepubliken gelang es spärliche Kontakte zu unterhalten. Mit den verschärften Einreisebedingungen seit dem Antritt der Ming-Dynastie im Jahr 1368 waren kaum noch Kontakte möglich. China und Japan, die geheimnisvollen Wunderländer des Fernen Ostens avancierten somit zu utopischen Märchenwelten.
    | From 878 to well into the nineteenth century, China was inaccessible and closed off to all foreigners. Only the merchant republics were able to maintain minimal contacts. With a tightening of entry requirements following the accession of the Ming Dynasty in 1368, contacts were barely possible. China and Japan, the mysterious wonderlands of the Far East, were thus, transformed into utopian fantasylands.

3   Reiseberichte wie zum Beispiel: Jan Nieuhof, *Die Gesandtschaft der Ost-Indischen Geselschaft in den Vereinigten Niederländern an den Tartarischen Cham und nunmehr auch Sinischen Keyser* [...], Amsterdam 1669, oder Johann Bernhard Fischer von Erlach, *Entwurff einer historischen Architektur in Abbildungen unterschiedener berühmten Gebäude des Alterthums und fremder Völcker* [...], Wien 1721.
    | Travelogs such as, for example, Jan Nieuhof, *Die Gesandtschaft der Ost-Indischen Geselschaft in den Vereinigten Niederländern an den Tartarischen Cham und nunmehr auch Sinischen Keyser* ... (Amsterdam, 1669), or Johann Bernhard Fischer von Erlach, *Entwurff einer historischen Architektur in Abbildungen unterschiedener berühmten Gebäude des Alterthums und fremder Völcker* ... (Vienna, 1721).

4   Gerd Helge Vogel, »Wunderland Cathay. Chinoise Architekturen in Europa, Teil 1«, in: *Gartenkunst,* 1, 2004, S. 134.
    | Gerd Helge Vogel, "Wunderland Cathay. Chinoise Architekturen in Europa, Teil 1," in *Gartenkunst* 1 (Worms, 2004), p. 134.

5   Sir William Temple, *Upon the Gardens of Epicurus, or of the Gardening in the Year 1685,* London 1685.
    | Sir William Temple, *Upon the Gardens of Epicurus, or of the Gardening in the Year 1685* (London, 1685).

6   »Sharawadgi« ist, laut Temple, angeblich ein chinesischer Begriff, der – im positiven Sinne – nicht »Zusammengehörendes« bezeichnet, wie zum Beispiel Asymmetrie oder Gegensätze. Hierbei ergänzen sich die unterschiedlichen Bestandteile und bilden ein harmonisches Ganzes. Temple mystifizierte Ideen aus dem klassischen Feng Shui.
    | "Sharawadgi" is, according to Temple, ostensibly a Chinese term that—in a positive sense—designates "something that doesn't belong," like, for example, asymmetry or opposites. Here, varying components complement one another and form a harmonic whole. Temple mystified classical Feng Shui ideas.

7   William and John Halfpenny, *New Designs for Chinese Temples* [...], 4 Bde., London 1750–1752 und *Chinese and Gothic Architecture. Properly Ornamented,* London 1752.
    | William and John Halfpenny, *New Designs for Chinese Temples* [...], vol. 4 (London, 1750–52) and *Chinese and Gothic Architecture. Properly Ornamented* (London, 1752).

8   William Chambers, *Designs of Chinese Buildings, Furniture, Dresses, Machines and Utensils,* London 1757.
    | William Chambers, *Designs of Chinese Buildings, Furniture, Dresses, Machines and Utensils* (London, 1757).

9   Französisch »kiosque« vom türkischen »köşk«.
    | French "kiosque" from the Turkish "köşk."

10 Owen Jones, *The Grammar of Ornament,* London 1856; Émile Prisse d'Avennes, *L'art arabe d'après les monuments du Caire depuis le VIIème siecle jusqu'a la fin du XVIIIe,* Paris 1877.
| Owen Jones, *The Grammar of Ornament* (London, 1856); Émile Prisse d'Avennes, *L'art arabe d'après les monuments du Caire depuis le VIIème siecle jusqu'a la fin du XVIIIe* (Paris, 1877).

11 Helmut Zander, »Theosophie und Anthroposophie«, in: *Die Lebensreform. Entwürfe zur Neugestaltung von Leben und Kunst um 1900,* hrsg. von Kai Buchholz u. a., Ausst.-Kat. Mathildenhöhe Darmstadt, 2 Bde., Darmstadt 2001, Bd. 1, S. 433–436.
| Helmut Zander, "Theosophie und Anthroposophie," in *Die Lebensreform. Entwürfe zur Neugestaltung von Leben und Kunst um 1900,* ed. Kai Buchholz et al., exh. cat. Mathildenhöhe Darmstadt, vol. 2 (Darmstadt, 2001), vol. 1, pp. 433–36.

12 Bruno Taut, »Ex oriente lux«, in: *Das hohe Ufer,* 1, 1, 1919, S. 15–18.
| Bruno Taut, "Ex oriente lux," in *Das hohe Ufer* 1, 1 (1919), pp. 15–18.

13 Erich Mendelsohn, ohne Titel, in: *Wendingen,* 3, 10, 1920, S. 2.
| Erich Mendelsohn, untitled, in *Wendingen* 3, 10 (1920), p. 2. (trans. E.S.)

14 Bruno Taut, *Das japanische Haus und sein Leben,* hrsg. von Manfred Speidel, Berlin 1997 (original: *Houses and People of Japan,* Tokio 1936).
| Bruno Taut, *Houses and People of Japan* (Tokyo, 1936).

15 *Bruno Taut. Ex Oriente lux. Die Wirklichkeit einer Idee. Eine Sammlung von Schriften 1904–1938,* hrsg. von Manfred Speidel, Berlin 2007, S. 11–13.
| *Bruno Taut. Ex Oriente lux. Die Wirklichkeit einer Idee. Eine Sammlung von Schriften 1904–1938,* ed. Manfred Speidel (Berlin, 2007), pp. 11–13.

16 *Le Corbusier und Pierre Jeanneret. Ihr gesamtes Werk 1910–1929,* hrsg. und übers. von Oscar Stonorov und Willy Boesinger, Zürich 1930, S. 8.
| *Le Corbusier et Pierre Jeanneret. Oeuvre Complète 1910–1929,* published by W. Boesiger and O. Stonorov, trans. P. Morton Shand (Zurich, 1964), p. 11.

17 Geoffrey H. Baker, *Le Corbusier. The Creative Search. The Formative Years of Charles-Edouard Jeanneret,* New York u. a., 1996.
| Geoffrey H. Baker, *Le Corbusier. The Creative Search. The Formative Years of Charles-Edouard Jeanneret* (New York et al., 1996).

18 Ludwig Mies van der Rohe, »Baukunst und Zeitwille«, in: Philip Johnson, *Mies van der Rohe,* (Ausst.-Kat. Museum of Modern Art, New York 1947), Stuttgart 1957, S. 207.
| Ludwig Mies van der Rohe, "Architecture and the Times," in Philip Johnson, *Mies van der Rohe,* exh. cat. The Museum of Modern Art (New York, 1947), p. 186.

19 Bauten wie das Farnsworth House, 1949–1951 in Plano, Illinois, von Ludwig Mies van der Rohe sowie das 1949 errichtete Glass House in New Canaan von Philip Johnson weisen eine absolute Konsequenz in der Umsetzung der japanischen Idee auf. Haus und Umwelt durchdringen sich völlig. Die Architektur gibt nur Schutz vor Kälte sowie Regen durch Glaswände und das Dach.
| Buildings such as the Farnsworth House by Ludwig Mies van der Rohe, constructed in 1949–51 in Plano, Ill., as well as the Glass House by Philip Johnson, erected in 1949 in New Canaan, evince an absolute consistency in the implementation of Japanese ideas. House and surrounding environments fully interpenetrate one another. The architecture only provides shelter from the cold and rain via glass walls and a roof.

# Die Pavillonisierung der Architektur
## | The Pavilionization of Architecture

Nikolaus Hirsch

Der Pavillon scheint der angenehme Teil der Architektur zu sein: schnell, experimentell, vergänglich. Die etymologische Wurzel des Wortes Pavillon ist der französische Begriff »papillon«. Der Pavillon ist ein Gebilde wie ein Schmetterling, er landet für kurze Zeit und fliegt wieder davon.[1] Im Gegensatz dazu scheint nichts außer träger Architektur zu existieren: ein langsames Medium, das sich schwertut, im Takt mit einem immer sprunghafteren kulturellen Umfeld und dessen immer schnellerer Abfolge von Ausstellungen zu bleiben. Anders als der Pavillon kann ein klassisches Gebäude eine Ausstellung zwar unterbringen, aber nicht selbst als Ausstellung agieren. Egal wie spektakulär und neu der Entwurf ist – es vergehen Jahre bis zum Baubeginn und zur Fertigstellung, und das Ergebnis sieht oftmals veraltet aus. Architektur ist immer ein bisschen zu spät.

Und doch sind die Unterschiede zwischen Pavillon und Gebäude weniger deutlich als es anfänglich scheint. Dauerhafte Gebäude sind oft weniger dauerhaft als sie vorgeben und temporäre Konstruktionen können beständiger sein als es zunächst den Anschein hat. Eine kritische Auseinandersetzung mit dieser Schwarz-Weiß-Sicht erscheint notwendig, um die Dichotomie zwischen Pavillon und Gebäude zu überwinden und um eine produktive Strategie zu entwickeln, welche die unterschiedlichen Rhythmen von Architektur und Ausstellung sowohl gebraucht als auch missbraucht | **Abb. 1** |. Hierbei geht es um nicht weniger als um eine Angleichung der Formate Ausstellung und Architektur sowie den Versuch, Architektur als solche auszustellen und dadurch die Rollen von Architekt und Künstler neu zu verhandeln.

Pavilions seem to be the pleasant part of architecture: fast, experimental, ephemeral. Etymologically, the pavilion is derived from the French term "papillon." The pavilion is a structure like a butterfly, landing for a short time and taking off again.[1] In contrast, nothing seems to exist but inert architecture, a slow medium that has difficulties synchronizing with an increasingly volatile cultural field and its accelerating rhythm of exhibitions. Unlike the pavilion, the classic building can only but contain an exhibition, not itself perform as an exhibition. No matter how spectacular and new the design—years go by until the moment of its construction and completion, with results that often look anachronistic. Architecture is always a bit too late.

Yet, the dichotomy between pavilions and buildings is less clear than it initially seems. Stable buildings are less stable than they pretend to be, and temporary structures are more permanent than they seem. A critique of this black-and-white scenario appears to be necessary as is an attempt to overcome the dichotomy, in order to initiate a productive strategy that both uses and misuses the contradictory rhythms of architecture and exhibitions | **fig. 1** |. At stake is nothing less than an adjustment of the formats "exhibition" and "architecture," and the attempt to exhibit architecture itself, and thereby, renegotiate the role of the architect and the artist.

## Fast Museums

How can one critically assess the relation between architecture and exhibition? The conflict between one and the other is more than critical in museum architecture: Is museum architecture a mere container for exhibitions? Is it more than the stable frame for a constantly changing curatorial practice? More detailed research[2] proves that museum architecture—despite its stabilizing and preservationist agenda—follows a logic of permanent change, or in other words: a logic of internal pavilionization. The over 100-year evolution of the Tate Gallery in London is a prime example of the accelerating rhythms of art institutions and their spatial transformations |fig. 2|. At various phases, a comparison of the programmatic structure shows a dramatic decrease in the percentage of exhibition spaces from eighty to thirty percent. These were replaced by an increasingly diverse and differentiated mix of programs such as art education, cafés, bookshops, and other "secondary" functions. The differentiation of spatial structure is not only the result of increasing economization through programs such as retail, bookshops, and cafés, but also a consequence of a changed artistic practice that increasingly involves art mediation, lecture, film, and performances.

On the scale of a one-year cycle, another principle becomes clear: permanent reconstruction through exhibition architecture. A year in the life of an institution, such as the Schirn Kunsthalle in Frankfurt am Main, exemplifies the use of exhibition architecture for the creation of specifically designed environments that follow the rhythm of the exhibitions. Yet, there seems to be a problem of synchronization. Within the current institutional practice, the rhythms of the architectural shell and artistic production do not interfere with each other. The principle of permanent institutional reconstruction is not conceptually considered in the stable model and this, therefore, places considerable limitations on programmatic and curatorial work.

## Schnelle Museen

Wie kann die Beziehung zwischen Architektur und Ausstellung kritisch bewertet werden? Der Konflikt zwischen diesen Formaten ist vor allem im Bereich der Museumsarchitektur virulent: Ist Museumsarchitektur lediglich ein Gehäuse zur Unterbringung von Ausstellungen? Ist sie mehr als nur ein stabiler Rahmen für eine ständig wechselnde kuratorische Praxis? Genauere Untersuchungen[2] zeigen, dass Museumsarchitektur – trotz ihrer stabilisierenden und konservatorischen Agenda – einer Logik des permanenten Wandels gehorcht, anders gesagt: einer Logik der inneren Pavillonisierung. Die Entwicklung der Tate Gallery in London im Verlauf der letzten hundert Jahre ist ein hervorragendes Beispiel für den immer schneller werdenden Rhythmus von Kunstinstitutionen und ihrer räumlichen Transformation |Abb. 2|. Ein Vergleich der programmatischen Struktur zeigt ein dramatisches Abnehmen der Ausstellungsfläche von achtzig auf dreißig Prozent. Die Ausstellungsflächen wurden durch eine zunehmend unterschiedliche und differenzierte Mischung von Funktionen wie Kunstpädagogik, Cafés, Buchläden und andere sekundäre Funktionen ersetzt. Die stärkere Differenzierung der räumlichen Struktur ist nicht nur auf die fortschreitende Ökonomisierung durch Programme wie Museumshops, Buchhandlungen und Gastronomie zurückzuführen, sondern ist auch eine Konsequenz veränderter künstlerischer Praktiken, die zunehmend Kunstvermittlung, Vorträge, Filme und Performances einbeziehen.

Im Maßstab eines einjährigen Zyklus wird ein weiteres Prinzip klar: ständiger Umbau durch Ausstellungsarchitektur. Ein Jahr im Leben einer Institution wie der Schirn Kunsthalle in Frankfurt am Main veranschaulicht die Verwendung von Ausstellungsarchitektur zur Herstellung von spezifischen Environments, die dem Rhythmus der Ausstellungen folgen. Dabei scheint es jedoch ein Problem der Synchronisierung zu geben. Innerhalb der gegenwärtigen Museumspraxis berühren sich die Rhythmen der architektonischen Hülle und die der künstlerischen Tätigkeit gegenseitig nicht. Das Prinzip des ständigen institutionellen Umbaus ist konzeptuell in dem dauerhaften Modell nicht bedacht. Daraus entstehen erhebliche Einschränkungen für die programmatische und kuratorische Arbeit.

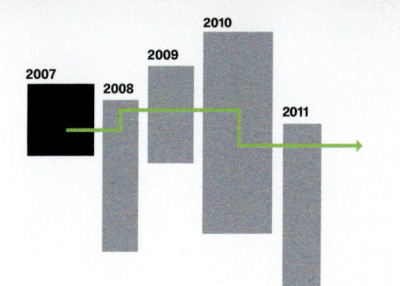

1

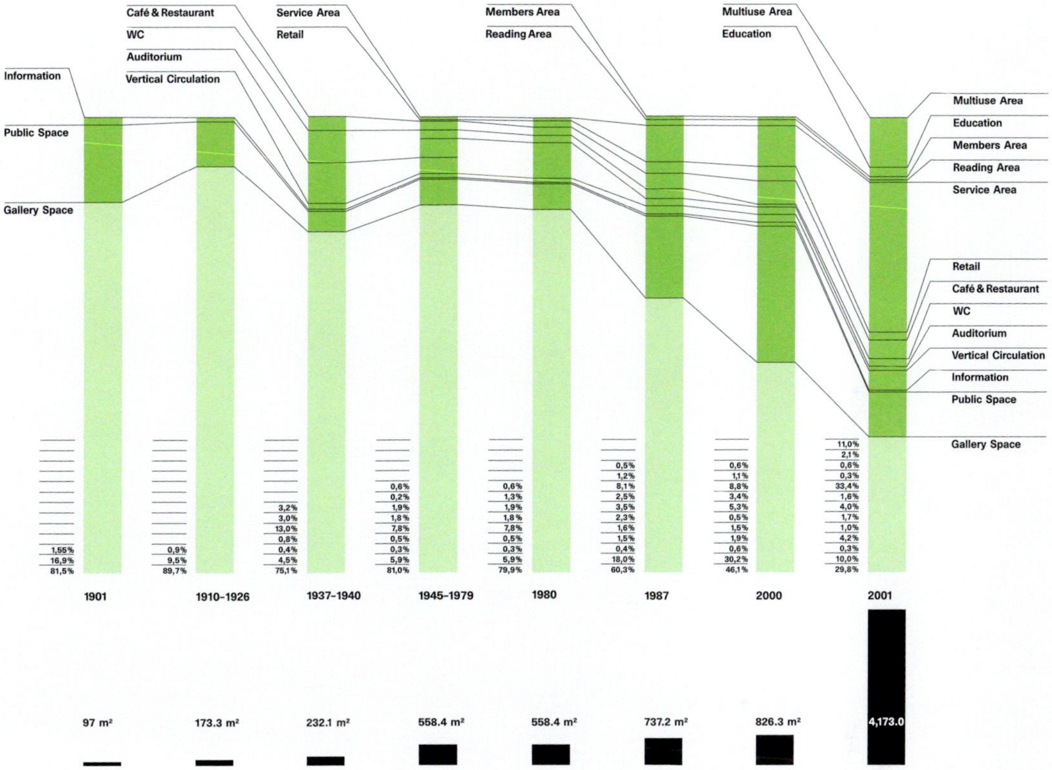

1 Wachsender Parcours
| Growing parcours
(Nikolaus Hirsch, Philipp Misselwitz, Markus Miessen,
Matthias Görlich: European Kunsthalle, 2007)
2 100-Jahres-Zyklus der Tate Gallery in London
| 100-years-cycle of the Tate Gallery in London
(Nikolaus Hirsch, Philipp Misselwitz, Markus Miessen,
Matthias Görlich: European Kunsthalle, 2007)

3

**3**  Cybermohalla Hub, Manifesta 7, Bozen, 2008
| Cybermohalla Hub, Manifesta 7, Bolzano, 2008
(Nikolaus Hirsch / Michel Müller)

Nikolaus Hirsch                          Die Pavillonisierung der Architektur

## Langsame Pavillons

Im Allgemeinen wird davon ausgegangen, dass Pavillons temporäre Gebäude sind, die nur für kurze Zeit bestehen. Eine detaillierte empirische Untersuchung der »Praxis des Pavillons« zeigt jedoch vielschichtigere und auch gegensätzliche zeitliche Abläufe. Viele Pavillons werden für einen Sommer erbaut, bleiben aber den folgenden Winter über stehen, dann noch ein Jahr und ein weiteres und landen schließlich auf der Denkmalliste oder werden zu Sammlungsobjekten. Und dann wird es undenkbar, dass sie wieder verschwinden sollen. Einige Pavillons nähern sich dennoch der ursprünglichen Idee des Verschwindens an. So entstehen die von Julia Peyton-Jones und Hans-Ulrich Obrist kuratierten Serpentine-Pavillons in extrem kurzer Zeit, nahezu ad hoc: Nur sechs Monate vergehen zwischen der Beauftragung der Architekten und der Eröffnung der Ausstellung. Dann steht der Pavillon drei Monate lang im Londoner Hydepark, bevor er wieder abgebaut wird und ein weniger spektakuläres Nachleben an einem anderen Ort beginnt. Cybermohalla Hub, eine experimentelle Institution in Delhi (Architekten Nikolaus Hirsch und Michel Müller), wurde 2008 auf der Manifesta 7 in Bozen gezeigt |**Abb. 3**|, bevor sie für Francesca von Habsburgs Sammlung Thyssen-Bornemisza Art Contemporary angekauft wurde und nach Wien wanderte, um schließlich zu einer neuen, größeren Version in Delhi zu führen.[3]

Mies van der Rohes Barcelona-Pavillon von 1929 veranschaulicht einen weiteren noch widersprüchlicheren Prozess, der kurze Zeitspannen mit der Dauerhaftigkeit der Rekonstruktion vermengt. Nach der Weltausstellung 1930 zerstört, wurde er 1983 bis 1986 als Ikone der modernen Architektur wieder aufgebaut. Andere Pavillons blieben einfach stehen: Dan Grahams *Oktogon,* 1987 gebaut für Kasper Königs Skulptur Projekte Münster blieb erhalten. Für Frei Ottos Multihalle für die Bundesgartenschau 1975 in Mannheim waren nicht dauerhafte Materialien wie billige Holzelemente und einfache Plastikfolien verwendet worden, und trotzdem wurde sie schließlich zu einem historischen Baudenkmal, das für die Ewigkeit bewahrt werden soll. Der Logik der kulturellen Wertsteigerung folgend, verwandelt sich der Pavillon vom »papillon« in ein eher schweres und unbewegliches Insekt; in ein Tier, das verlernt hat zu fliegen. In letzter Konsequenz wird es fraglich, ob der dauerhafte Pavillon immer noch zu der Kategorie der »fliegenden Bauten« – einem Rechtsbegriff der deutschen Bauordnung, der temporäre Gebäude bezeichnet – zu zählen ist.

## Slow Pavilions

It is generally assumed that pavilions are short-termed, temporary structures. Yet, a more detailed empirical investigation of "pavilion practice" hints at a more complex and contradictory time structur. Many pavilions are being constructed for a summer, but they remain over the next winter, then the following year, and another one, until they eventually make it onto the preservation list or become a collectible object. It then becomes unthinkable that they should disappear. Yet, some pavilions do come close to the original idea of disappearance: Commissioned by Julia Peyton-Jones and Hans-Ulrich Obrist, the Serpentine Pavilions are realized in extremely brief periods of time, almost *ad hoc:* only six months pass from the commissioning of the architect to the opening of the exhibition. The pavilion is then up and running for three summer months in London's Hyde Park before being dismantled and having a less spectacular afterlife in another location. Cybermohalla Hub,[3] an experimental institution in Delhi (architects Nikolaus Hirsch and Michel Müller), |**fig. 3**|, was shown at Manifesta 7 in Bolzano (2008) before being acquired by Francesca von Habsburg's collection Thyssen-Bornemisza Art Contemporary, and traveling to Vienna, and eventually triggering a new, and larger version in Delhi.

Mies van der Rohe's 1929 Barcelona pavilion exemplifies another more contradictory process that mixes short time spans with the duration of reconstruction. Destroyed after the World's Fair in 1930, it was reconstructed as an icon of modern architecture in 1986. Other pavilions just stayed: Dan Graham's *Oktogon,* realized for Kasper König's Skulptur Projekte Münster in 1987, was preserved. Frei Otto's seminal Multihalle for the 1975 Bundesgartenschau (garden show) in Mannheim used presumably non-durable materials, such as cheap timber elements and standard plastic foils and, ultimately, became a historical monument to be preserved for eternity. Following the logics of cultural valorization, the pavilion turns from a "papillon" into a rather heavy and immobile insect. It turns into an animal that has unlearned to fly. Ultimately, it becomes questionable whether the stabilized pavilion still belongs to the category of "Fliegende Bauten" ("flying buildings"), a legal term in the German building code that defines temporary buildings.

**Pavilionization**

In the context of an increasingly ambiguous status between stability and instability, it becomes possible to imagine a hybrid condition between a pavilion and a permanent building. The proposal for the European Kunsthalle elaborates on an extreme strategy that takes the phenomena of the temporary Serpentine Pavilions to another critical level. Instead of dismantling them after the summer, the approach initiates an endless, continuous summer party. The principle of the Pavilion is used in order to create a sustainable, growing art institution | **fig. 4**|. The rhythm of building adapts the time structure of the exhibition. Through the accumulation of ever more pavilions and programmatic units the institution grows and solidifies over time. Architecture becomes exhibition.

Using and misusing the advantages of the legal category of the "flying building," the hidden agenda would be of creating a situation in which the temporary pavilion becomes a permanent structure. The result might be described as a "pavilionization" of architecture: a continuous succession of short-term planning. Every new piece of the building becomes a new piece of the exhibition. Not *ad hoc,* but in the typical timescale of exhibitions, for example three months. Hence, architecture becomes a curatorial object.

**Pavillonisierung**

Im Kontext einer zunehmend unscharfen Trennung zwischen Dauerhaftigkeit und Flüchtigkeit wird es möglich ein Hybrid zwischen Pavillon und permanentem Gebäude zu entwickeln. Der Entwurf für die European Kunsthalle arbeitet an einer extremen Strategie, die das Phänomen der temporären Serpentine-Pavillons auf das nächste kritische Level hebt. Anstatt die Pavillons nach dem Sommer wieder abzubauen, initiiert dieser Ansatz eine endlose Sommerparty. Das Prinzip der Pavillons wird verwendet, um eine nachhaltige, wachsende Kunsteinrichtung zu schaffen | **Abb. 4**|. Der Baurhythmus passt sich der Zeitstruktur der Ausstellung an. Durch die Akkumulation von immer mehr Pavillons und programmatischen Einheiten wächst die Institution und wird im Lauf der Zeit immer stabiler. Die Architektur wird zur Ausstellung.

Der heimliche Plan wäre, die rechtlichen Vorteile der »fliegenden Bauten« so zu gebrauchen und zu missbrauchen, dass eine Situation entsteht, in welcher der temporäre Pavillon zu einer permanenten Einrichtung wird. Das Resultat könnte als eine »Pavillonisierung« der Architektur beschrieben werden: eine ständige Abfolge kurzfristiger Planungen. Jedes neue Stück des Gebäudes wird zum neuen Stück der Ausstellung. Nicht ad hoc, aber in den für Ausstellungen typischen Zyklen, zum Beispiel in drei Monaten. Auf diese Art wird Architektur zum kuratorischen Objekt.

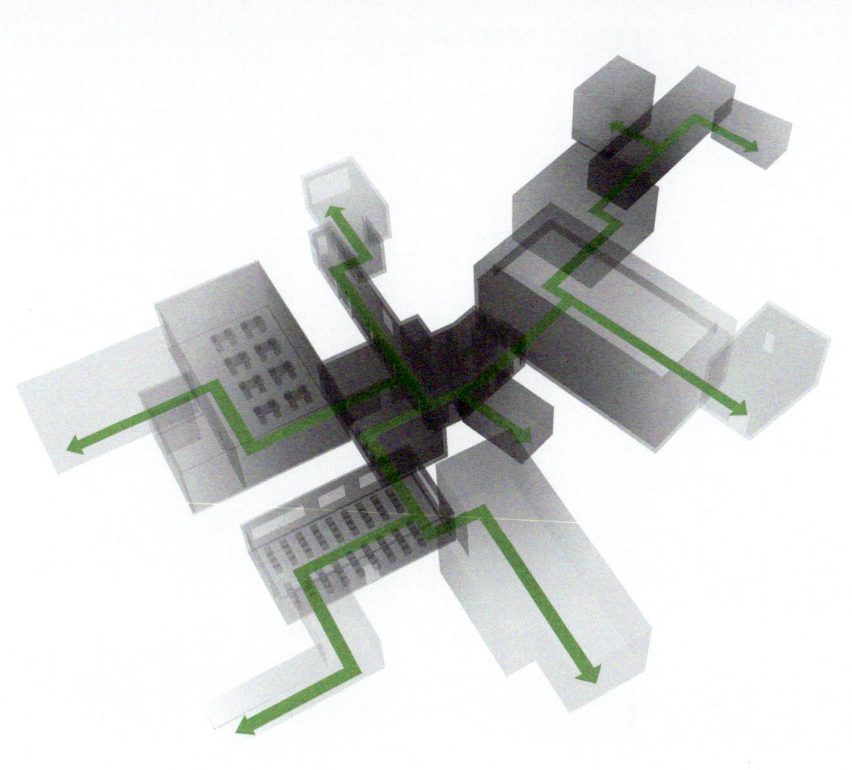

**4**

4  Wachstumsszenario
| Development scenario
(Nikolaus Hirsch, Philipp Misselwitz, Markus Miessen,
Matthias Görlich: European Kunsthalle, 2007)

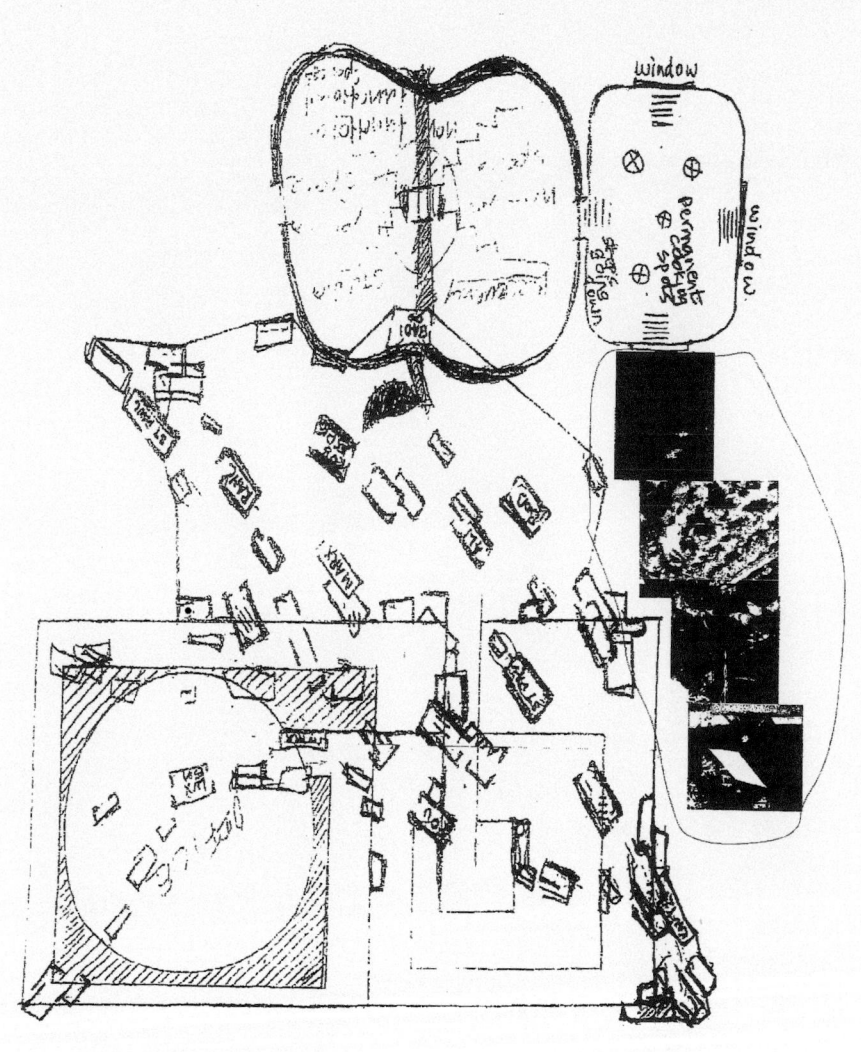

5 *Exquisite Corpse*, Curating Architecture,
Showroom London, 2008
(Nikolaus Hirsch / Philipp Misselwitz
In Zusammenarbeit mit | In collaboration with
Judith Hopf, Raqs Media Collective, Tobias Rehberger,
Rirkrit Tiravanija, Anton Vidokle, Eyal Weizman)

Nikolaus Hirsch                                    Die Pavillonisierung der Architektur

## Exquisite Corpse

Die auf Pavillons basierende, wachsende Kunstinstitution verweist auf die Logik des surrealistischen Spiels »Cadavre exquis« (auch »Exquisite Corpse« genannt): Eine Prozedur, bei der sich eine Konstellation durch das kollektive Zusammenfügen individueller Einzelteile ergibt. Dieser Ansatz bricht mit der Vorstellung, dass der Entwurf einer Kunstinstitution – mit ihren Ausstellungsräumen, Büros, Depots, Sanitäranlagen, Vortragssälen, Cafés und so weiter – eine in sich kohärente Einheit formt, die von einem einzigen Autor, dem Architekten, geschaffen ist. Stattdessen teilt dieser Plan den Raum in autonome und doch zusammenhängende Komponenten auf. Das Resultat ist ein Netzwerk möglicher Wege, die einen Anfang haben und sich dann in eine Vielzahl möglicher unterschiedlicher Richtungen aufteilen.

Die Neuverhandlung von Autorenschaft und deren traditioneller Rollenmodelle bezieht sich auf die wachsende Zahl von Künstlern, die an infrastrukturellen Architekturen arbeiten: Liam Gillicks *Conference Room* für den Frankfurter Kunstverein, Monica Bonvicinis *Toilet,* Elmgreen & Dragsets Galerien (besser bekannt als *Powerless Structures*) oder Anton Vidokles und Julieta Arandas *Martha Rosler Library.* Es ist jedoch paradox, dass im Allgemeinen immer noch davon ausgegangen wird, dass die räumlich-körperliche Einheit einer Institution eine kohärente physische Konstruktion sein muss, die von einem einzelnen Autoren, dem Architekten, erdacht ist. *Exquisite Corpse,* ein Werk (Architekten Nikolaus Hirsch und Philipp Misselwitz) im Rahmen des Curating Architecture Programms[4] des Londoner Goldsmiths College, forderte Künstler und Designer (Judith Hopf, Raqs Media Collective, Tobias Rehberger, Rirkrit Tiravanija, Anton Vidokle und Eyal Weizman) auf, eine gemeinsame Zeichnung einer Kunsthalle zu erstellen, die sich in einer Abfolge von hin- und hergeschickten Faxsendungen entwickelte und schließlich als dreidimensionales Modell umgesetzt wurde |**Abb. 5**|. Die traditionellen Rollen haben sich geöffnet und – wer weiß – vielleicht wird eines Tages der Künstler als Architekt agieren, der Kurator als Künstler und der Architekt als Kurator.

## Exquisite Corpse

The pavilion-based, growing art institution hints to the logic of the Surrealist "Corps Exquise": a procedure by which a constellation emerges from the collective putting-together of individual segments. This approach breaks with the assumption that an art institution's plan—with its exhibition spaces, offices, storage facilities, restrooms, auditorium, café, etc.—forms a coherent entity that is designed by a single author (an architect). Instead it divides the space into autonomous yet related components. The result is a network of possible paths starting from a beginning and branching out in a number of different directions.

The renegotiation of authorship and its traditional role models refers to the tendency of more and more artists working on infrastructural architectures: Liam Gillick's *Conference Room* for the Frankfurter Kunstverein, Monica Bonvicini's *Toilet,* Elmgreen & Dragset's galleries (better known as *Powerless Structures)*, or Anton Vidokle's and Julieta Aranda's *Martha Rosler Library.* Yet, paradoxically it is still broadly assumed that the spatial-physical entity of the institution must be coherent physical structures conceived by single authors (architects). *Exquisite Corpse,* a project (architects Nikolaus Hirsch & Philipp Misselwitz) in the context of Goldsmiths College's "Curating Architecture" program[4] invited artists and designers (Judith Hopf, Raqs Media Collective, Tobias Rehberger, Rirkrit Tiravanija, Anton Vidokle, and Eyal Weizman) to produce a collaborative drawing of a Kunsthalle |**fig. 5**|, which evolved in a sequence of fax exchanges and eventually translated into a three-dimensional model. The role models are opened up—and who knows: eventually the artist might act as architect, the curator as artist, and the architect as curator.

1   Beatriz Colomina, »Pavilions of the Future«,
    in: *Your Black Horizon Art Pavillon,* hrsg. von
    Eva Ebersberger und Daniela Zyman, Köln
    2007, S. 158.
    | Beatriz Colomina, "Pavilions of the Future,"
    in *Your Black Horizon Art Pavillon,* eds. Eva
    Ebersberger and Daniela Zyman (Cologne,
    2007), p. 158.
2   Siehe *Institution Building. Artists, Curators,
    Architects in the Struggle for Institutional
    Space,* hrsg. von Nikolaus Hirsch u. a., New
    York und Berlin 2009, S. 8–46.
    | See *Institution Building. Artists, Curators,
    Architects in the Struggle for Institutional
    Space,* eds. Nikolaus Hirsch, et al. (New
    York and Berlin, 2009), pp. 8–46.

3   Siehe *Manifesta 7 / Index,* hrsg. von Adam
    Budak u. a., Mailand 2008, S. 81 and *Question
    of Evidence,* hrsg. von Daniela Zyman und
    Diana Baldon, Ausst.-Kat. Thyssen-Bornemisza
    Art Contemporary, Wien, Köln 2008, S. 86–111.
    | See *Manifesta 7 / Index,* eds. Adam Budak
    et al. (Milan, 2008), p. 81 and *Question of Evi-
    dence,* eds. Daniela Zyman and Diana Baldon,
    exh. cat. Thyssen-Bornemisza Art Contempo-
    rary, Vienna (Cologne, 2008), pp. 86–111.
4   Andrea Phillips, »The Body of a Building.
    Exquisite Corpse at Curating Architecture«, in:
    Hirsch u. a. 2009 (wie Anm. 2), S. 54–73.
    | Andrea Phillips, "The Body of a Building: Ex-
    quisite Corpse at Curating Architecture,"
    in Hirsch et al. 2009 (see note 2), pp. 54–73.

**Jenseits von Pavillons**
Architektur als Maschine zum Sehen
| **Beyond Pavilions**
Architecture as a Machine to See

Beatriz Colomina

Es gibt eine Geschichte von Anaïs Nin, »Die verschleierte Frau«, in der ein Mann in einer Bar ein elegantes Paar sieht, das ganz in Schwarz gekleidet ist; das Gesicht der Frau wird von einem Schleier verdeckt. Die Frau verlässt die Bar und ihr Begleiter gesellt sich zu dem ersten Mann und erzählt diesem, dass er vollständig von den Launen einer Frau dominiert wird, die nur an einem Mann interessiert ist, den sie noch nie zuvor gesehen hat und den sie auch nie wieder sehen wird. Er bietet ihm fünfzig Dollar an, wenn er die Wünsche der Frau befriedigt. Der Mann geht darauf ein und sie besteigen ein Taxi, in dem er sich die Augen verbinden lässt. Schließlich kommen sie zu einem Haus mit vollständig weißen Wänden, Decken und Teppichen und so vielen Spiegeln, dass er völlig orientierungslos ist. Er sieht nur sein Spiegelbild, das leidenschaftlich und in unendlichen Wiederholungen mit der Frau schläft. Monatelang verfolgt ihn die Erinnerung an diese außergewöhnliche Erfahrung, bis er eines Abends in einer Bar einen Mann trifft, der ihm eine Geschichte erzählt: Vor einigen Monaten hatte ihn ein elegant gekleideter Mann in einer Bar angesprochen und ihm angeboten, dass er für die Bezahlung von hundert Dollar eine großartige Liebesszene anschauen könnte. Als der erste Mann ihn auffordert, die Szene zu beschreiben, wird ihm klar, dass es genau die ist, an der er teilgenommen hat.[1]

There is a story by Anaïs Nin, "The Veiled Woman," in which a man is in a bar and sees a stylish couple dressed all in black, a veil covering the woman's face. The woman leaves the bar and her companion comes up to the first man and tells him that he is completely dominated by the caprices of a woman who is only interested in a man she has never seen before and will never see again. He offers to pay him fifty dollars to satisfy the desires of the woman. He accepts and they get into a taxi where he agrees to be blindfolded and they eventually arrive at a house with all white walls, ceiling, and carpets, and with so many mirrored walls that he loses all sense of perspective, seeing only infinite repetitions of himself making passionate love to the woman. For months, he is haunted by the memory of this extraordinary experience, until one evening he meets a man at a bar who tells him a story: Several months before, an elegantly dressed man had approached him in a bar and offered, for a fee of a hundred dollars, to let him see a magnificent love scene. When the first man asks him to describe the scene, he recognizes it as the very one in which he had participated.[1]

The structure of this nineteen-forties' story echoes the optical and psychological structure of the pavilions of Dan Graham, where both viewers and performers are invited to participate in a game in which their roles are unexpectedly reversed several times, with mirroring intensifying both exposure and concealment. Graham's very first pavilion *Public Space: Two Audiences* (1976) |fig. 1|, his contribution to *Arte / Ambiente*, organized by Germano Celant for the 1976 Venice Biennale, was a rectangular room divided into two square spaces by a soundproof glass wall. One far wall was mirrored, while all the other walls were white. Visitors could enter the work through either of the doors leading into each room. Visitors on one side could see those on the other, but were isolated acoustically. They also saw themselves and the others reflected in the mirror. Graham has said that the Venice Biennale and other art fairs function like nineteenth-century World's Fairs, where each country is represented by a pavilion, and art is the commodity. In Venice, he attempted to upset the system by turning the audience into the exhibition. Visitors to the pavilion could see themselves seeing themselves. They had become the commodity. The subject and object of the gaze coincided.

Die Struktur dieser Geschichte aus den 1940er-Jahren erinnert an die optische und psychologische Struktur der Pavillons von Dan Graham, wo sowohl die Betrachter als auch die Akteure aufgefordert werden, an einem Spiel teilzunehmen, in dem ihre Rollen plötzlich und wiederholt vertauscht werden, während die Spiegelungen sowohl die Bloßstellung als auch die Verschleierung verstärken. Grahams erster Pavillon, *Public Space. Two Audiences* – sein Beitrag zu *Arte / Ambiente,* organisiert von Germano Celant für die Biennale von Venedig im Jahr 1976 –, war ein rechteckiger Raum, der durch eine schalldichte Glaswand in zwei quadratische Räume unterteilt war |Abb. 1|. Eine der Stirnwände war verspiegelt, während alle anderen Wände weiß waren. Die Besucher konnten die Arbeit durch die beiden Türen betreten, die in die einzelnen Räume führten. Die Besucher auf der einen Seite konnten diejenigen auf der anderen Seite sehen, aber waren akustisch von ihnen getrennt. Sie sahen außerdem ihr eigenes Spiegelbild und das der anderen Besucher. Graham hat gesagt, dass die Biennale von Venedig und andere Kunstmessen eine ähnliche Funktion wie die Weltausstellungen des 19. Jahrhunderts haben, auf denen jedes Land mit einem Pavillon repräsentiert wird und Kunst die Ware ist. In Venedig versuchte er, das System zu erschüttern, indem er das Publikum zur Ausstellung machte. Die Besucher des Pavillons konnte sich dabei zusehen, wie sie sich selbst betrachteten. Sie waren zur Ware geworden. Subjekt und Objekt des Blicks waren identisch.

1

1 Dan Graham, *Two Audiences. Public Space,*
Biennale Venedig, 1976
| Dan Graham, *Two Audiences: Public Space,*
Venice Biennale, 1976

2

3

4

Der Effekt erinnert an Ludwig Mies van der Rohes Barcelona-Pavillon von 1929, wo die Besucher sich, ohne es zu bemerken, in seinen dunklen Glaswänden zusammen mit dem Wolken, dem Himmel und den Bäumen, die hinter ihnen auftauchten, gespiegelt sahen |**Abb. 2**|**3**|. Ein Journalist aus Barcelona schrieb über den »mysteriösen« Pavillon: »jemand, der vor einer dieser Glaswände steht, sieht sein eigenes Spiegelbild, aber wenn er sich hinter ihnen bewegt, dann kann er das Äußere perfekt sehen. Nicht alle Besucher bemerken diese eigenartige Besonderheit, deren Ursache unbekannt ist.«[2] Es ist wichtig, sich dieser Art von spontanen Äußerungen wieder zuzuwenden, um das Staunen zu verstehen, das ein Glasgebäude 1929 hervorrief, weil dies für eine Generation, die mit der Architektur der Hilton International Hotels aufgewachsen ist, wie es der Architekt Alison Smithson formuliert hat, vielleicht schwer vorstellbar ist.

Mies und Graham verbindet die Idee des Pavillons. Als er beauftragt wurde, den Deutschen Pavillon für die Weltausstellung in Barcelona zu bauen, fragte Mies das Auswärtige Amt, was ausgestellt werden sollte. »Gar nichts wird ausgestellt«, erklärte man ihm, »der Pavillon selbst soll das Ausstellungsstück sein.«[3] Da es kein Programm im traditionellen Sinn gab – die Ausstellung von Waren – wurde der Barcelona-Pavillon zu einem Ausstellungsstück über das Ausstellen. Alles was hier ausgestellt wurde war eine neue Art zu sehen.

Sowohl in Mies' als auch in Grahams Pavillons werden die Besucher selbst ausgestellt. Anstatt individuelle Objekte zu betrachten – Kunstgegenstände oder Waren (die beide, wie Graham sagte, oft miteinander verwechselt werden) – sehen sie sich selbst im Ausstellungsraum. Der Pavillon ist nur ein Ort, an dem die Menschen sich selbst begegnen, ein Ort der Reflexion. Obwohl Graham begeistert sowohl zeitgenössische als auch historische Architekturstile studiert, ist Mies der Architekt, der sein Werk am offensichtlichsten beeinflusst hat. Was er von ihm gelernt hat, ist jedoch nicht einfach nur der Look von Mies, im Sinne des Reproduzierens eines Stils, sondern Mies' Art, den eigentlichen Akt des Sehens darzustellen. Die neuen Arten, auf die wir sowohl uns selbst als auch die Welt betrachten: Mies' Verständnis von Architektur als einer Maschine zum Sehen.

The effect recalls that of Ludwig Mies van der Rohe's Barcelona Pavilion (1929) |**figs. 2**|**3**|, where unwitting visitors saw themselves reflected in its dark glass walls, with the surrounding clouds, sky, and trees appearing behind them. A local journalist commented on the "mysterious" pavilion: "a person standing in front of one of these glass walls sees himself reflected as if by a mirror, but if he moves behind them, he then sees the exterior perfectly. Not all the visitors notice this curious particularity, whose cause remains ignored."[2] It is important to go back to these kinds of spontaneous statements to understand the surprise that a glass building elicited in 1929—something that a generation grown up around Hilton International hotels, as architect Alison Smithson put it, may have difficulty imagining.

Mies and Graham are linked by the idea of the pavilion. When commissioned to build the German pavilion for the International Exhibition in Barcelona, Mies asked the German Ministry of Foreign Affairs what was to be exhibited. "Nothing will be exhibited," he was told, "the pavilion itself will be the exhibit."[3] In the absence of the traditional program—the exhibition of commodities—the Barcelona Pavilion became an exhibit about exhibition. All it exhibited was a new way of looking.

In both Mies 's and Graham's pavilions, the visitors are themselves on display. Instead of contemplating discrete objects—artworks or commodities (both of which, as Graham noted, are thoroughly confused with each other)—they see themselves in the space of the exhibition. The pavilion is simply a space in which people encounter themselves, a space of reflection. Though Graham is a dedicated student of architectural practices, contemporary and historical, Mies is the architect who has most clearly influenced his work. Yet, what he has learned from him is not simply the look of Mies, in the sense of a reproducible visual style, but Mies's way of exposing the very act of looking, the new ways in which we look both at ourselves and at the world: Mies's sense of architecture as a vision machine.

From his Venice Biennale installation on, Graham has steadily elaborated a reflection on vision itself, in an ongoing series of pavilions that deploy architecture as an optical instrument. By now, he has completed over fifty pavilions in a remarkable sustained test in which the genre of the temporary experimental structure has been turned into a permanent project. In a sense, all of Graham's pavilions play on the original surprise of glass architecture, endlessly exploring the enigma that glass is not actually transparent. But he takes Mies's quest into another dimension, seeing the play of reflections in psychological, sexual, and economic terms. He forces the viewer to become implicated in these questions. In *Public Space: Two Audiences,* for example, visitors had to agree beforehand to spend ten minutes in the space with the doors closed. There was a kind of contract between artist and visitors, who had to confront the dynamic, literally immersing themselves in the gap between reflections. The traditional viewer of the work of art was turned into a visitor by the architecture, and then into a spectator of a performance in which he or she was implicated. All they saw was themselves being seen by others—an erotic gaze superimposed on a narcissistic gaze. It is as though all Graham wanted to capture were the complications in the very act of looking.

Seit dieser Installation auf der Biennale von Venedig hat Dan Graham seine Reflexionen über das Sehen in einer noch nicht beendeten Serie von Pavillons, die Architektur als optisches Instrument einsetzen, immer weiter ausgearbeitet. Bis heute hat er über fünfzig Pavillons in einem außergewöhnlichen, nachhaltigen Test – in dem das Genre des temporären, experimentellen Gebäudes in ein dauerhaftes Projekt verwandelt wurde – fertiggestellt. In gewisser Hinsicht spielen alle Pavillons von Graham mit der ursprünglichen Überraschung, die gläserne Architektur darstellt; immer wieder beschäftigen sie sich mit dem Rätsel, dass Glas nicht wirklich durchsichtig ist. Graham jedoch führt die Suche von Mies in andere Dimensionen: Er betrachtet das Spiel von Reflexionen in psychologischer, sexueller und wirtschaftlicher Hinsicht. Er zwingt den Betrachter in diese Frage mit hineingezogen zu werden. In der Arbeit *Public Space. Two Audiences* zum Beispiel mussten sich die Besucher vorher damit einverstanden erklären, zehn Minuten in dem verschlossenen Raum zu bleiben. Es gab eine Art von Vertrag zwischen dem Künstler und dem Besucher, der sich mit der Dynamik auseinandersetzten musste, indem er wortwörtlich in die Lücken zwischen den Spiegelungen eintauchte. Die traditionellen Betrachter eines Kunstwerks wurden durch die Architektur zunächst in Besucher und dann in Zuschauer einer Darstellung verwandelt, an der sie selbst teilnahmen. Was sie sahen waren sie selbst, wie sie von anderen gesehen wurden – ein erotischer Blick wird über den narzisstischen Blick geblendet. Es ist, als ob Graham nur die Schwierigkeiten festhalten wollte, die im Akt des Sehens liegen.

Sechs Jahre nach dieser Installation für die Biennale von Venedig kehrte Graham zu der Idee des Pavillons zurück. In der Arbeit *Two Adjacent Pavilions,* einem Paar von zwei frei stehenden Baukörpern, die aus Einwegspiegeln bestehen (zunächst 1978 als Modell gezeigt), entwickelte er die Strategie von Venedig weiter | **Abb. 4** |. Es ist kein Zufall, dass diese Zwillingspavillons erstmalig für eine weitere »(Inzwischen stehen sie im Park des Kröller-Müller Museums in Otterlo.) Wo *Public Space. Two Audiences* nur eine Schnittstelle hatte, bietet das akustische Glas, das die beiden Räume von *Two Adjacent Pavilions* trennt, viele solcher Berührungspunkte. Die vier Seiten von jedem dieser begehbaren, quadratischen Pavillons bestehen aus Einwegspiegeln. Ein Pavillon hat eine transparente Glasdecke, während die Decke des anderen undurchsichtig ist, wodurch der Pavillon außen stärker reflektiert und innen durchsichtiger ist. Der durchsichtige Pavillon wird mit Licht von oben geflutet und ist abwechselnd durchsichtig und reflektierend, abhängig von der Tageszeit, der Beleuchtung und den Wolken. Die Aufstellung der Pavillons nebeneinander vervielfältigt die Spiegeleffekte exponentiell.

Graham insistiert, dass das Thema aller seiner Pavillons die Stadt sei. Und man könnte tatsächlich behaupten, dass es eine urbane Erfahrung ist, die der Betrachter macht, wenn er in die vielfältigen Spiegelungen der Arbeit mit einbezogen wird. Von den Reflexionen versteckt zu werden, während man durch sie hindurch andere Betrachter anschaut, erinnert an die Erfahrung, die man macht, wenn man sich in großen Städten anonym durch eine Menschenmenge bewegt. Die sich überlappenden Reflexionen scheinen die Anzahl der Körper im Raum endlos zu vermehren. Grahams isolierte kleine Pavillons lassen die Erfahrung der Metropole wieder entstehen, selbst wenn sie in einem ruhigen Garten stehen. Durch die intime Größe der Pavillons überdenken wir städtische Größenverhältnisse.

Six years after his installation at the Venice Biennale, Graham returned to the idea of the pavilion. In *Two Adjacent Pavilions* | **fig. 4** |, a pair of freestanding structures made of two-way mirror glass (first shown as a model in 1978), he developed further the strategy of Venice. Not by chance, these twin pavilions were first built for another art fair, documenta 7 in 1982. (They now stand on the grounds of the Kröller-Müller Museum, Otterlo, the Netherlands.) If *Public Space: Two Audiences* had only one interface, the acoustic glass separating the two rooms, in *Two Adjacent Pavilions,* the interfaces are multiple. The four sides of each of the two enterable square pavilions are made of two-way mirror glass. One pavilion has a transparent glass ceiling, while the ceiling in the other is opaque, making that pavilion more reflective on the outside and transparent on the inside. The transparent pavilion, flooded with light from above, shifts between transparency and reflectivity depending on the hour of the day and the amount of sunlight and clouds. The position of the pavilions next to each other exponentially multiplies the mirroring effects.

Graham has insisted that all his pavilions are about the city. And indeed, one could argue that the spectator has an urban experience when implicated in the multiple reflections of the work. To be hidden by the reflections while looking through them at other spectators recalls the metropolitan experience of moving anonymously through a crowd. The over-lapping reflections seemingly multiply the number of bodies in the space. Graham's isolated small pavilions reconstitute a metropolitan experience even when standing in a quiet garden. The domestic scale of the pavilions becomes a way of rethinking the urban scale.

One is reminded of another mythical pavilion in the history of architecture: Le Corbusier and Pierre Jeanneret's l'Esprit Nouveau Pavilion, a unit of his proposed Immeuble Villas built for the *Exposition Internationale des Arts Décoratifs et Industriels Modernes* in Paris in 1925. The model apartment, which was designed to be suspended way up in the air in skyscrapers looking out over a new modernized Paris, was placed on the ground in the middle of a park like some kind of spaceship from the future. Le Corbusier intended the pavilion precisely as a critique of the *Exposition des Arts Décoratifs,* |→ **p. 22, fig. 6**| with its emphasis on the exhibition of expensive commodities and its refusal to address the pressing issues of housing and urbanism.[4] The Exposition organizers were so worried about the pavilion that they gave it an out-of-the-way location and temporarily built a twenty-foot-high fence to hide it. In fact, as with the Barcelona Pavilion, despite its prominent position in architectural history, very few people actually saw it. It became mythical through its central role in Le Corbusier's endless publications.

Graham understands his pavilions to be in an explicit dialogue with the long history of architectural pavilions. He often refers to the primitive hut of Marc-Antoine Laugier's mid-eighteenth-century essay on architecture, nineteenth-century park gazebos, national pavilions for the exhibition of commodities in international fairs, twentieth-century temporary pavilions built by modern architects for expositions and international fairs, and even bus stops and telephone booths. As he puts it:

"In Western culture the pavilion placed in a park setting began with the Renaissance garden, where it was often used for Disney-like special effects. In the nineteenth century it grew in size into the Crystal Palace of the 1851 World's Exposition in London. It now encompasses the quasi-utilitarian modern 'non-place' bus shelter and telephone booth."[5]

Man wird an einen anderen legendären Pavillon in der Geschichte der Architektur erinnert: Le Corbusiers and Pierre Jeannerets Pavillon de l'esprit nouveau, eine Einheit seines Entwurfs Immeuble Villas, die für die *Exposition Internationale des Arts Décoratifs et Industriels Modernes* in Paris im Jahr 1925 gebaut wurde |→ **S. 22, Abb. 6**|. Die Modellwohnung, die so entworfen war, dass sie hoch oben in der Luft an Wolkenkratzern aufgehängt werden sollte, mit Blick über ein neues modernisiertes Paris, war in der Mitte des Parks wie eine Art Raumschiff aus der Zukunft auf dem Boden platziert. Le Corbusier betrachtete den Pavillon als eine eindeutige Kritik an der Ausstellung, mit ihrem Schwerpunkt auf der Präsentation von Luxuswaren und ihrer Weigerung, sich mit den dringenden Themen wie Wohnungsbau und Urbanismus auseinanderzusetzen.[4] Die Organisatoren der Ausstellung machten sich solche Sorgen wegen des Pavillons, dass sie ihm einen sehr abgelegenen Aufstellungsort gaben und vorübergehend einen sieben Meter hohen Zaun aufstellten, um ihn zu verbergen. Tatsächlich haben ihn – wie auch den Barcelona-Pavillon – trotz der wichtigen Rolle, die er in der Architekturgeschichte spielt, nur sehr wenige Leute wirklich gesehen. Er wurde erst durch seine zentrale Rolle in den unzähligen Publikationen Le Corbusiers zur Legende.

Graham sieht seine Pavillons in einem direkten Dialog mit der langen Geschichte von Architekturpavillons. Er bezieht sich oft auf die Urhütte aus Marc-Antoine Laugiers Essay über Architektur aus der Mitte des 18. Jahrhunderts, auf Gartenlauben aus dem 19. Jahrhundert, Länderpavillons zur Ausstellung von Waren auf internationalen Messen, temporäre Pavillons des 20. Jahrhunderts, die von zeitgenössischen Architekten für Ausstellungen und internationale Messen gebaut werden und sogar auf Bushaltestellen und Telefonzellen. Er formuliert es folgendermaßen:

»In der abendländischen Kultur gab es erstmalig in den Renaissancegärten Pavillons, die in eine Parklandschaft gesetzt wurden, wo sie oft für disneyartige Spezialeffekte verwendet wurden. Im 19. Jahrhundert wuchsen sie zur Größe des Kristallpalastes auf der Weltausstellung von 1851 an. Heute umfasst der Begriff auch moderne, eigentlich zweckgebundene ›Unorte‹ wie Bushaltestellen und Telefonzellen.«[5]

Graham verdichtet diese erweiterte Tradition von der aristokratischen Extravaganz in der Renaissance bis hin zu zeitgenössischen Gehäusen für den Massenbedarf in allen seinen Arbeiten. Minimalistische Gehäuse werden mit einer Fülle theatralischer Spezialeffekte ausgestattet. Wie er selbst sagt »vollziehen [seine Pavillons] die Geschichte des Pavillons als Architekturtyp nach: vom Rokokopavillon auf den Ländereien des Fürsten zum Belvedere des 19. Jahrhunderts, von der städtischen Bushaltestelle zum Pavillon der Wechselausstellungen, wie Mies' Barcelona-Pavillon.«[6]

Durch die Konzentration auf Pavillons stehen Grahams Arbeiten nicht nur im Zusammenhang mit der Architekturgeschichte, sondern auch mit demjenigen Teil der Architektur, der immer wieder die anderen Teile kritisiert. Da sie die komplexesten und radikalsten Statements sind, stehen Pavillons meistens an der Spitze der Architekturdebatte. Die Ausstellungspavillons des 20. Jahrhunderts waren Orte, an denen neue Formen der Architektur hervorgebracht wurden, die manchmal so schockierend anders, so neu waren, dass man sie noch nicht einmal als Architektur gelten ließ.

In der Tat gibt es die Tradition radikaler temporärer Gebäude bereits seit Jahrhunderten, und sie hat eine wichtige Rolle dabei gespielt, die Entwicklung von Ideen und Geschmack in der Architektur anzuregen. Alison und Peter Smithson bemerkten dazu:

»Die Architekten der Renaissance haben Wege entwickelt, mit Dingen umzugehen, denen wir vielleicht unbewusst folgen: Zum Beispiel gab es zwischen einer ersten Entwurfsskizze und dem Auftrag für ein dauerhaftes Gebäude die Bühnenarchitektur für die Aufführungen des Hofes, temporäre Architekturen und Dekorationen für den Geburtstag des Fürsten, für die Hochzeit der Tochter des Fürsten oder für den Einzug eines Papstes in eine Stadt. Diese Anlässe wurden genutzt, um einen neuen Stil umzusetzen; eine neue Art von Raum, eine neue Bedeutung von Dekoration; die vielleicht für einen einzigen Tag gemacht wurde [...]. Nachdem das Vergängliche genüsslich verbraucht ist, entsteht der Geschmack für das Dauerhafte.«[7]

Graham compacts this extended tradition from aristocratic extravagance in the Renaissance to contemporary mass-market boxes into each of his works. Minimalist boxes are invested with a density of theatrical special effects. In his own words, his pavilions "retrace the history of the pavilion as a type of architecture, from the Rococo pavilion on the prince's estate to the nineteenth-century belvedere, from the urban bus-shelter to the pavilion presented in temporary exhibitions like Mies's Barcelona Pavilion."[6]

By focusing on pavilions, Graham's work is not just connected to architectural history, but to that part of architecture that routinely critiques the other parts. In offering the most condensed and radical statements, pavilions often represent the leading edge of architectural discourse. Exhibition pavilions of the twentieth century were sites for the incubation of new forms of architecture that were sometimes so shockingly original, so new, that they were not even recognized as architecture at all.

Indeed, the tradition of radical temporary structures is a centuries-old practice that has played a crucial role in stimulating the evolution of ideas and tastes in architecture. As Alison and Peter Smithson put it:

"The architects of the Renaissance established ways of going about things which perhaps we unconsciously follow: for example, between the idea sketchily stated and the commission for the permanent building came the stage-architecture of the court masque; the architectural settings and decorations for the birthday of the prince, for the wedding of a ducal daughter, for the entry of a Pope into a city state; these events were used as opportunities for the realisation of the new style; the new sort of space; the new weight of decoration; made real perhaps for a single day ... the transient enjoyably consumed, creating the taste for the permanent."[7]

The most extreme and influential proposals in the history of modern architecture were pavilions made in the context of temporary exhibitions. Think about Bruno Taut's Glashaus, the glass industry pavilion at the *Deutscher Werkbund Exhibition* |**fig. 5**|, Cologne, 1914; Le Corbusier and Pierre Jeanneret's l'Esprit Nouveau Pavilion; Konstantin Melnikov's USSR Pavilion at the *Exposition Internationale des Arts Décoratifs et Industriels Modernes*, Paris, 1925 |→ **p. 45, fig. 13**|; Mies van der Rohe's and Lilly Reich's Velvet and Silk Café, Berlin, 1927 |**fig. 6**|, their Glass Room in Stuttgart, 1927, and his Barcelona Pavilion; Alvar Aalto's Finnish Pavilions for the Exposition Universelle, Paris, 1937, and the New York World's Fair, 1939 |→ **p. 26, fig. 9**|; Luciano Baldessari's Breda Pavilion for the Milan Trade Fair, 1952 |**fig. 7**|; Le Corbusier and Iannis Xenakis's Philips Pavilion for the World Exposition, Brussels, 1958 |→ **p. 31, figs. 10** | **11**|; Richard Buckminster Fuller's Geodesic Dome at the *American National Exhibition*, Moscow, 1959, and his United States Pavilion for Expo '67, Montreal |→ **p. 31, fig. 12**|; the IBM Pavilion designed by the office of Eero Saarinen in collaboration with Charles and Ray Eames for the New York World's Fair (1964); The Pepsi Pavilion for Expo '70, Osaka, Japan, by E.A.T. (Experiments in Art and Technology); Coop Himmelb(l)au's Cloud (1968) |**fig. 8**|, a prototype for future living presented at documenta 5, 1972;[8] and Aldo Rossi's Il teatro del mondo, a temporary theater built for the 1980 Venice Architecture Biennale to recall the floating theaters of eighteenth-century Venice popular during carnivals |**fig. 9**|. The tradition of the pavilion as the site for architectural experimentation continues into the twenty-first century with such mythical projects as Diller Scofidio's Blur Building in Yverdon-les-Bains, Switzerland, a media pavilion for Swiss Expo.02 (now destroyed) |**fig. 10**|, and the series of pavilions that spring up every year at the Serpentine Gallery in London.

Die extremsten und einflussreichsten Entwürfe in der Geschichte der modernen Architektur waren Pavillons, die im Kontext temporärer Ausstellungen entstanden. Man denke nur an Bruno Tauts Glashaus, den Pavillon der Glasindustrie für die Ausstellung des Deutschen Werkbundes in Köln im Jahr 1914 |**Abb. 5**|; Le Corbusiers und Pierre Jeannerets L'esprit-nouveau-Pavillon; Konstantin Melnikows Pavillon der UdSSR für die *Exposition Internationale des Arts Décoratifs et Industriels Modernes* in Paris 1925 |→ **S. 45, Abb. 13**|; Mies van der Rohes und Lilly Reichs Café Samt und Seide, Berlin 1927 |**Abb. 6**|, ihren Glasraum in Stuttgart 1927, und Mies' Barcelona-Pavillon 1929; Alvar Aaltos finnischen Pavillon für die Weltausstellung in Paris 1937, und die New Yorker Weltausstellung 1939 |→ **S. 26, Abb. 9**|; Luciano Baldessaris Breda-Pavillon für die Mailänder Handelsmesse 1952 |**Abb. 7**|; Le Corbusiers and Iannis Xenakis' Philips-Pavillon für die Weltausstellung in Brüssel 1958 |→ **S. 31, Abb. 10**|**11**|; Richard Buckminster Fullers geodätische Kuppel für die *American National Exhibition* in Moskau 1959, und seinen US-Pavillon für die Expo '67 in Montreal |→ **S. 31, Abb. 12**|; den IBM-Pavillon, den das Büro von Eero Saarinen in Zusammenarbeit mit Charles und Ray Eames für die New Yorker Weltausstellung von 1964 entworfen hatte; den Pepsi-Pavillon für die Expo '70 in Osaka von E.A.T. (Experiments in Art and Technology); Coop Himmelb(l)aus Wolke von 1968 |**Abb. 8**|, ein Prototyp für die Zukunft des Wohnens, der auf der documenta 5 im Jahr 1972 ausgestellt wurde;[8] und Aldo Rossis Il teatro del mondo, ein temporäres Theater, das für die Architekturbiennale von Venedig 1980 gebaut wurde, um an die schwimmenden Theater zu erinnern, die im 18. Jahrhundert im Karneval von Venedig so beliebt waren |**Abb. 9**|. Die Tradition des Pavillons als Ort für Architekturexperimente setzt sich im 21. Jahrhundert fort mit so legendären Projekten wie Diller + Scofidios Blur Building, einem mittlerweile nicht mehr existierenden Medienpavillon für die Schweizer Expo.02 in Yverdon-les-Bains |**Abb. 10**| und der Reihe von Pavillons, die jedes Jahr an der Serpentine Gallery in London entstehen.

Beatriz Colomina

Jenseits von Pavillons. Architektur als Maschine zum Sehen

5 Bruno Taut, Glashaus im Bau, Ende März / Anfang April 1914
| Bruno Taut, Glashaus under construction, end of March /
beginning of April, 1914
6 Lilly Reich und Ludwig Mies van der Rohe, »Café Samt und Seide«,
Modeausstellung, Berlin, 1927
| Lilly Reich and Ludwig Mies van der Rohe, "Café Samt und Seide,"
Fashion exhibition, Berlin, 1927
7 Luciano Baldessari, Breda-Pavillon, Mailänder Handelsmesse, 1952
| Luciano Baldessari, Breda Pavilion, Milan Trade Fair, 1952
8 Coop Himmelb(l)au, Wolke-Projekt, 1968
| Coop Himmelb(l)au, Cloud project, 1968
9 Aldo Rossi, Il teatro del mondo, Architekturbiennale Venedig, 1980
| Aldo Rossi, Il teatro del mondo, Biennale of Architecture Venice, 1980

10

10  Diller + Scofidio, Blur Pavillon,
     Schweizer Landesausstellung Expo.02, 2002
     | Diller + Scofidio, Blur Pavilion,
       Swiss National Fair Expo.02, 2002

Beatriz Colomina          Jenseits von Pavillons. Architektur als Maschine zum Sehen

Der Wiederaufbau des Barcelona-Pavillons an sich ist ein wichtiger Aspekt der Geschichte der Pavillons. Während viele von Mies' Gebäuden zerstört wurden, war dieser temporäre Ausstellungspavillon zu einem so zentralen historischen Baudenkmal geworden, dass er 1983 bis 1986 an dem ursprünglichen Aufstellungsort als eine Art Götzenbild wiedererrichtet worden ist. Das gleiche passierte mit Le Corbusiers Pavillon de l'esprit nouveau. Seit 1977 steht in einem Park in Bologna eine Replik, die fünfzig Jahre alte Prinzipien veranschaulicht. Peter Smithson schrieb darüber: »Ihn zu besichtigen bedeutet daran erinnert zu werden, dass ein Architekt immer seine Töpfe und Pfannen und seine Meinung zur Natur bereit haben muss, für den Fall, dass er gefragt wird.«[9]

In gewisser Hinsicht stören die Rekonstruktionen die Debatte. Viele Ausstellungsexperimente gewinnen gerade dadurch an Bedeutung, dass sie wieder verschwinden. Sie leben in Publikationen, der Erinnerung oder der Fantasie fort. Das Fehlen eines besonderen Auftraggebers oder Aufstellungsortes verleiht ihnen eine dauerhafte Position. Gerade weil sie nicht so festgelegt sind, lassen sie unterschiedliche Interpretationen zu. Die Rekonstruktion fixiert diese, wenn sie sie nicht sogar beendet. Die größte Stärke des Pavillons ist immer die Möglichkeit, dass er ebenso schnell wieder verschwindet, wie er gekommen ist. Dadurch müssen die Ziele neu abgesteckt werden und neue Forderungen nach Verbindungen entstehen: zwischen dem, was man zunächst als utopisch betrachtet hat, und dem, was nun eine plausible, gebaute Realität geworden ist. Das entscheidende Erkennungsmerkmal dafür, dass es sich bei einem Gebäude um einen Pavillon handelt, ist, dass es wieder verschwindet, wegfliegt, oder zumindest verspricht, das zu tun. Die Begegnung mit einem Objekt, das bald nicht mehr das sein wird, ist grundsätzlich anders. Der Gedanke, dass man vielleicht nicht mehr zurückkommen kann, macht die Begegnung flüchtig, sogar romantisch. Er widersetzt sich dem konventionellen Verständnis. Hinterher wird eigenartig unklar, was passiert ist, und dieser Mangel an Klarheit eröffnet neue Horizonte.

»Pavillon« stammt von »papillon«, dem französischen Wort für Schmetterling. Die Seiten eines offenen, leichten Nomadenzeltes wurden mit den Flügeln eines Schmetterlings assoziiert. Der Pavillon, klassischerweise ein königliches Zelt in einem Park, ist das, was flatternd von einem unbekannten Ort herkommt. Ein reines, flüchtiges Bild, das für einen Moment in der Schwebe verweilt, landet, und dann ganz exponiert dasteht, bevor es wieder wegflattert und alles in seinem Sog verändert hinterlässt.

The rebuilding of the Barcelona Pavilion is itself an important part of the story of pavilions. While many of Mies's buildings have been destroyed, the temporary exhibition pavilion had become such a central monument in architectural culture that it was reconstructed in 1987 on the original exhibition site as a kind of simulacra. The same thing happened to Le Corbusier's L'Esprit Nouveau Pavilion. Since 1977, a replica sits in a park in Bologna, exemplifying fifty-year-old principles. As Peter Smithson wrote, "To visit it is to be reminded that an architect always needs to have his pots and pans and his view of nature ready in case he is asked."[9]

To some extent, reconstructions interfere with the discourse. Many exhibition experiments gain their force precisely by disappearing. They inhabit the spaces of publication, of memory, of fantasy. The lack of a specific client or site gives them a permanent role. Since they are not so pinned down, they remain open to speculation. Reconstruction fixes them, if not finishes them. The full force of the pavilion is always the possibility that it will leave as abruptly as it arrived, reorganizing ambitions and calling for new connections between what were previously felt to be utopian fantasies, and what are now plausible built realties. The real sign that a building is a pavilion is that it leaves, it flies away, or at least promises to do so. The encounter with an object that is about to leave is fundamentally different. The thought that you might not be able to return to it makes the experience elusive, even romantic. It defies conventional understanding. Afterward, it becomes strangely unclear what happened, and it is this lack of clarity that opens up new horizons.

"Pavilion" comes from "papillon," the French word for butterfly. The sides of an open lightweight nomadic tent were associated with the wings of a butterfly. The pavilion, classically a royal tent in a park, is that which arrives, fluttering in from an unknown place, a pure image in flight, hovering for a moment, touching down and standing there fully exposed before fluttering away again, leaving everything changed in its wake.

1 Anaïs Nin, »Die verschleierte Frau« (um 1940/41), in: dies., *Das Delta der Venus,* Frankfurt am Main 1979, S. 189–197. Jacqueline Rose zu Folge ist diese Geschichte ein Modell für die Maschinerie des Kinos. Siehe Jacqueline Rose, *Sexuality in the Field of Vision,* London 1986, S. 222–23.
| Anaïs Nin, "The Veiled Woman" (ca. 1940–41) in *Delta of Venus* (London, 1978), pp. 84–91. For Jacqueline Rose, the story represents a model for the apparatus of cinema. See Rose, *Sexuality in the Field of Vision* (London, 1986), pp. 222–23.

2 Ein lokaler Journalist, der den Pavillon besprochen hat, zitiert in: José Quetglas, »Fear of Glass. The Barcelona Pavilion«, in: *Architecture Production,* hrsg. in Zusammenarbeit mit Beatriz Colomina *(Revisions. Papers in Architectural Theory and Criticism,* 2), New York 1988, S. 130.
| A local journalist from Barcelona reviewing the pavilion, quoted in José Quetglas, "Fear of Glass: The Barcelona Pavilion," in *Architecture Production,* guest ed. Beatriz Colomina, vol. 2 of *Revisions: Papers in Architectural Theory and Criticism* (New York, 1988), p. 130.

3 Julius Posener, »Los primeros años. De Schinkel a De Stijl«, in: *Mies van der Rohe (AV Mono-grafías,* 6), 1986, S. 33.
| Julius Posener, "Los primeros años: De Schinkel a De Stijl," in *Mies van der Rohe:, AV Monografías,* no. 6 (1986), p. 33.

4 Tag Gronberg, »Making Up the Modern City. Modernity on Display at the 1925 International Exposition«, in: *L'Esprit Nouveau. Purism in Paris, 1918–1925,* hrsg. von Carol S. Eliel, Los Angeles und New York 2001, S. 105–106.
| Tag Gronberg, "Making Up the Modern City: Modernity on Display at the 1925 International Exposition," in *L'Esprit Nouveau: Purism in Paris, 1918–1925,* ed. Carol S. Eliel (Los Angeles and New York, 2001), pp. 105–06.

5 Dan Graham, »Two-Way Mirror Power« (1996), in: *Two-Way Mirror Power. Selected Writing by Dan Graham on His Art,* hrsg. von Alexander Alberro, Cambridge, MA, 1999, S. 174.
| Dan Graham, "Two-Way Mirror Power" (1996), published in his *Two-Way Mirror Power: Selected Writing by Dan Graham on His Art,* ed. Alexander Alberro (Cambridge, Mass., 1999), p. 174.

6 Dan Graham, *Ma position. Écrits sur mes œuvres,* Villeurbanne 1992, S. 216.
| Idem., *Ma position: Écrits sur mes oeuvres* (Villeurbanne, 1992), p. 216.

7 Alison und Peter Smithson, »Staging the Possible«, in: *Italian Thoughts,* Stockholm 1993, S. 16. Siehe auch die frühere Fassung dieser These in: »The Masque and the Exhibition. Stages Toward the Real«, in: *International Laboratory of Architecture and Urban Design Year Book,* Urbino 1982.
| Alison and Peter Smithson, "Staging the Possible," in *Italian Thoughts* (Stockholm, 1993), p. 16. See also the earlier version of the same argument in "The Masque and the Exhibition: Stages Toward the Real," in *International Laboratory of Architecture and Urban Design Year Book* (Urbino, 1982).

8 Wenn sie realisiert würde, wäre Wolke eine bewegliche, aufblasbare Kugel, die im Inneren mit Technik ausgestattet wäre, die für physische und psychische Freuden sorgen würde. Das pneumatische Haus könnte in einem Container aufbewahrt, mit einem Lastwagen transportiert und in 97 Minuten zusammengebaut werden.
| If realized, the Cloud would be a mobile inflatable sphere containing a core of technical elements providing for physical and psychological pleasure. The pneumatic house could be stored in a container, transported on a truck, and assembled in ninety-seven minutes.

9 Smithson 1982 (wie Anm. 7).
| Smithson 1982 (see note 7).

**Pavillons**
Ein Interview von Karen Murphy
| **Pavilions**
  An Interview by Karen Murphy

Ben van Berkel

**Karen Murphy:** Zeit ist ein inhärentes Merkmal des Architekturtyps des Pavillons, da es sich bei einem Pavillon meistens um ein Gebäude handelt, das entweder nur temporären oder bedingt dauerhaften Bestand hat. Wie beeinflusst dieses Charakteristikum den Entwurf solcher Bauwerke?

**Ben van Berkel:** Einer der Vorteile des Pavillontyps ist in der Tat, dass er temporär ist, wodurch sich die Möglichkeit ergibt, Ideen sehr schnell auszuprobieren. In gewisser Weise ähnelt der Pavillon vielleicht der Aufführung eines Musikstücks, da man die Musik jeweils nur in dem Moment erleben kann, in dem man ihr zuhört oder sie spielt. Man könnte vielleicht sogar über den Pavillon sagen, dass es sich hier ähnlich verhält, vielleicht, weil er im Wesen flüchtig ist. Pavillons stellen ein Erlebnis dar, und darin liegt die Stärke dieser Architekturform.

**KM:** Die Größe ist auch eine wichtige Eigenschaft des Pavillons. Welche Möglichkeiten bieten sich hieraus für den Architekten?

**BvB:** Es ist interessant, dass man durch die Größe der Pavillons Gelegenheit hat, mit der Größe des Menschen zu experimentieren, mit Proportionen, die in direktem Zusammenhang mit dem menschlichen Körper stehen – und das in einer Konstruktion, die noch kein Gebäude, sondern eher ein Raum ist. Hier kann man sich nicht nur direkt mit der Wegeleitung und der Bewegung in kleinem Maßstab auseinandersetzen, sondern auch mit Aspekten der Richtung, wo räumliche und körperliche Eigenschaften ausprobiert und erforscht werden können. Die Größe kann zu einer Art Sammelpunkt oder Schnittstelle der einzelnen Elemente innerhalb der Gesamtkonstruktion werden. Was mich aber vielleicht noch mehr interessiert ist, dass man beim Entwerfen von Pavillons die Möglichkeit hat, das Nichtvorhandensein eines tatsächlichen Größenverhältnisses auszuprobieren, oder eine Art von »Größenlosigkeit« erschaffen zu können, wo verschiedene Element so kombiniert werden, dass man mit dem Verständnis von Größe und Proportion experimentieren kann. Ein Beispiel dafür könnte der Pavillon The Changing Room sein, den wir für die Biennale von Venedig im Jahr 2008 entworfen haben | **Abb. 1** |. In diesem Gebäude wurden aus Linien Oberflächen, die sich dann in ein Volumen verwandelten. Diese eine flüssige Bewegung besaß die Eigenschaften von Infrastruktur und Konstruktion und bestimmte, wie sich der Besucher durch

**Karen Murphy:** Time is an inherent characteristic of the pavilion typology, the pavilion most often being a structure of either temporality or semi-permanence. How does this attribute affect the design approach to these constructions?

**Ben van Berkel:** One of the advantages of the pavilion typology is, in fact, that these structures are temporary, as they create opportunities for testing out ideas very quickly. In a sense, perhaps the pavilion is akin to performing a piece of music, as music can only be experienced while you listen or play it at any given moment. The pavilion could, in fact, be said to behave in a similar way, perhaps because of their temporary nature. Pavilions provide an experience, and this is, in fact, the strength of the form.

**KM:** Scale is also an essential quality of the pavilion. What opportunities does this characteristic offer the architect?

**BvB:** One of the interesting things about the scale of pavilions is that they afford the possibility to experiment with human scale, with proportions directly connected to the human body, but in a structure that is not yet a building, but moreover a space. Here, not only can you be directly concerned with routing and movement on a small scale but also with directional aspects, where spatial and physical qualities can be tested and explored. Scale can then become a sort of combining factor or crossing point between the various elements in the whole structure. But what is perhaps of more interest to me is that pavilion design offers the possibility to test the non-existence of a proper scale, or to create a kind of "scalelessness," where numerous elements are combined in such a way as to experiment with the notion of scale. One example of this could be the pavilion we designed for the Venice Biennale in 2008, The Changing Room | **fig. 1** |. In this structure, lines became surfaces, then transformed into a volume. This one fluid gesture carried the qualities of infrastructure and construction, defining how the visitor moved through the structure, whilst the projections on the inside also related to the idea of changing from an external physical space to an internal contemplative space. In this way, the pavilion contained the notion that scale could be expanded upon or extruded; and this is, for me, perhaps the most interesting way to consider and experiment with scale.

**KM:** In terms of experimentation and innovation, what advantages does pavilion design offer?

**BvB:** Pavilions provide a kind of prototypical stepping stone or apparatus for ideas and solutions which can later be expanded upon in buildings. The pavilion can perhaps be seen as an aggregation, in the sense that it can form an accumulation of many different architectural ingredients which interact and influence each other, but may not as yet provide a perfect synthesis which could be applied to larger, more complex building project. But these elements can be tested and combined in the temporary structure and can later lead to concepts and practical solutions which would perhaps otherwise not have been possible to test in a building. Moreover, pavilions afford the opportunity not only to test new materials or material combinations, but also to try out theoretical and conceptual ideas in combination with these more pragmatic elements, sometimes even after the fact. The pavilion we designed for the Venice Biennale in 2008 gave us the opportunity to further develop ideas we were unable to test in the VilLA NM project, which had been realized the year before |**figs. 2|3**|. The Changing Room installation provided the means to expand on the concepts and ideas employed in the villa project and formed a kind of crossing point between that project and further ideas which can now be expanded upon in future buildings.

das Gebäude bewegte, während Projektionen im Inneren auch die Idee des Übertretens von einem äußeren physischem Raum in einen innern kontemplativen Raum vermittelten. Auf diese Weise verkörperte der Pavillon die Idee, dass Größe erweiterbar war oder komprimiert werden konnte: Und das ist für mich die vielleicht interessanteste Art, über Größenverhältnisse nachzudenken und mit ihnen zu experimentieren.

**KM:** Welche Vorteile bietet das Entwerfen von Pavillons im Hinblick auf das Experimentieren und das Entwickeln neuer Ideen?

**BvB:** Pavillons stellen eine Art von wegweisendem Sprungbrett oder eine Art von Maschine zur Entwicklung von Ideen und Lösungen dar, die man später in Gebäuden weiterentwickeln kann. Man kann den Pavillon vielleicht als eine Konzentration in dem Sinne verstehen, dass hier viele verschiedene Architekturzutaten zusammenkommen können, die miteinander agieren und sich gegenseitig beeinflussen, aber vielleicht noch keine perfekte Verbindung darstellen, die man in einem größeren, komplexeren Bauprojekt anwenden könnte. Diese verschiedenen Elemente kann man jedoch in der temporären Architektur ausprobieren und kombinieren, und sie können später zu Konzepten und praktischen Lösungen führen, die man andernfalls vielleicht nicht in einem Gebäude hätte testen können. Darüber hinaus bieten Pavillons Gelegenheit, nicht nur neue Materialien oder neue Materialkombinationen zu testen, sondern auch theoretische und konzeptionelle Ideen in Verbindung mit diesen pragmatischeren Dingen auszuprobieren, manchmal sogar im Nachhinein. Der Pavillon, den wir für die Biennale entworfen haben, bot uns die Gelegenheit, Ideen weiterzuentwickeln, die wir in dem Projekt VilLA NM, das wir ein Jahr vorher realisiert hatten, nicht ausprobieren konnten |**Abb. 2|3**|. Die Installation The Changing Room bot uns die Mittel, die Konzepte und Ideen, die wir im Wohnhausprojekt angewendet hatten, weiterzuentwickeln und wurde so zu einer Art Schnittstelle zwischen diesem Projekt und weiterführenden Ideen, die nun in zukünftigen Projekten ausgebaut werden können.

1

2

3

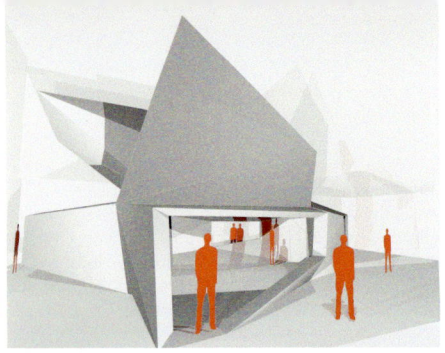

4

5

6

7

4    UNStudio, Installation Holiday Home, Institute for Contemporary Art Philadelphia, 2006
     | UNStudio, Installation Holiday Home, Institute for Contemporary Art Philadelphia, 2006
5    UNStudio, Transformation Diagramm Holiday Home, ICA Philadelphia, 2006
     | UNStudio, Transformation Diagram Holiday Home, ICA Philadelphia, 2006
6 | 7  UNStudio, Theater Agora, Lelystad, Niederlande, 2007
     | UNStudio, Theater Agora, Lelystad, the Netherlands, 2007

Ben van Berkel                          Pavillons. Ein Interview von Karen Murphy

Uns sind die Vorteile der Pavillonarchitektur jedoch besonders deutlich nach der Installation Holiday Home für eine Ausstellung im ICA in Philadelphia im Jahr 2006 bewusst geworden |**Abb. 4|5**|. Diese Installation hatte einen großen Einfluss, sowohl formell als konzeptionell, auf eine Reihe von Projekten, die wir seitdem realisiert haben. Das vertikale Foyer und das rosafarbene Band im Theater Agora in Lelystad |**Abb. 6|7**| hatten sich größtenteils aus bestimmten physikalischen Eigenschaften und Effekten entwickelt, die sich in der Installation Holiday Home ergeben hatten. Und inhaltlich war die Idee, das Konzept des Rückzugs nach Hause und in den Alltag mitzunehmen, bei unserem aktuellen Entwurf für den MYchair entstanden. Dieser Stuhl ist ein Objekt, für das der konzeptionelle Ausgangspunkt die Idee war, Momente des leichten Eskapismus ins tägliche Leben einzubauen.

**KM:** Während Pavillons ein hohes Maß an Freiheit für Ideen und Konzeptionen bieten, sind sie doch gleichzeitig Bauwerke, die ganz bestimmte Funktionen erfüllen. Wie erreicht man die ideale Balance zwischen Innovation, Experiment und Idee und den pragmatischen Größen, mit denen man sich auseinandersetzen muss?

**BvB:** Die Freiheiten, die das Bauen von Pavillons bietet, variieren ebenfalls erheblich. Es ist nicht immer der Fall, dass die Gebäude eine praktische Funktion haben, oftmals handelt es sich um Installationen in Museen und Galerien. Aber manchmal muss man tatsächlich konzeptionelle und theoretische mit pragmatischeren Überlegungen verbinden können. Zum Beispiel ist der Pavillon, den wir gerade im Battery Park in New York bauen einerseits eine Art Skulptur |**Abb. 8|9**|, aber andererseits ist er so gestaltet, dass sein blütenblattförmiger Aufbau dazu führt, sich selbst am Standort räumlich auszurichten und den Tausenden von Menschen, die täglich an diesen Ort kommen, als Wegweiser zu dienen. Hier wird der blumenartige Aufbau dazu eingesetzt, eine Reihe von Aufgaben wie die eines Informationspunktes und eines Cafés zu erfüllen. Da wir in der Vergangenheit Erfahrungen im Entwerfen von Pavillons gesammelt haben, war es möglich, funktionale Anforderungen und interessante experimentelle Architektur zu verbinden. Allerdings unterscheidet sich das nicht so sehr von dem Umgang, der mit dauerhaften Gebäuden notwendig ist. Also hat man in gewisser Weise bereits Erfahrung darin, diese Balance zu finden.

However, the advantages of pavilion design became particularly apparent to us following the Holiday Home installation which we made in 2006 for a show at the ICA in Philadelphia |**figs. 4|5**|. This installation influenced a number of projects which we have since realized, on both a formal and conceptual level. The vertical foyer and pink ribbon in the Theatre Agora in Lelystad |**figs. 6|7**| evolved largely from certain physical qualities and effects in the Holiday Home installation, whilst conceptually, the idea of taking the "retreat" concept home to daily life was an essential element in our recent design for MYchair, a product for which the conceptual starting point was the notion of providing moments of light escapism in day to day life.

**KM:** Pavilions, whilst affording a large degree of freedom for invention and conceptual considerations, are, at the same time, functional structures with very specific programs. How is the ideal balance reached between innovation, experimentation, and invention, and the more pragmatic values which need to be addressed?

**BvB:** The freedom afforded in pavilion design also varies considerably. It is not always the case that the structure needs to have a practical function, as often, it will take the form of an installation in a museum or gallery. But at other times, indeed; it will involve combining the conceptual and the theoretical with more pragmatic considerations. For instance, the pavilion we are now building in Battery Park in New York is, on the one hand, a sculptural form |**figs. 8|9**|, but on the other, is designed to utilize its petal-like structure to spatially orientate itself to the site in order to provide directional services to the thousands of people who will visit the location on a daily basis. Here, the flower-like structure is used to provide a variety of services, such as an information point and a coffee bar. Because we have experience of designing pavilions in the past, it became possible to combine functional requirements with interesting and experimental architecture. But, in fact, this is not so different to the approach required for buildings. So, in a sense, one is already experienced in finding this balance.

**KM:** Pavilion projects need to capture people's attention in a short period of time. How does one approach this during the design phase?

**BvB:** I have always believed that interest is not to be found in the first image or the first effect you create, that this is actually not the most interesting way for a building of any kind to communicate. It is more often what we call the "after image" or the double readings you create, a certain layered effect or fascination that needs to be present in the design which functions as an attractor. You can create a form of crossing point, whereby the pavilion becomes an ideogram, where the visual elements of the pavilion are combined with the theoretical aspects of the design. This suggests a linguistic form, but, in fact, it is more a kind of merging of the formal and the linguistic, a kind of juxtaposition between the two, perhaps not dissimilar to the ideogrammatic qualities inherent in Chinese characters, where the visual representation may show one thing, but where this, in fact, functions as a signifier for the meaning or the word represented.

**KM:** By their very nature, pavilions are usually very site-specific, often forming an extension to an existing building or location. How do you approach this specificity in your designs, and is this actually any different to a larger scale, building project?

**BvB:** In fact, it is very similar to a building and is again related to the idea of non-existence of a proper scale, as the context can be read in many different ways and doesn't need to be reduced down to simply one scale. Pavilions, like buildings, need a formal contextual approach. Even a pavilion project for a museum needs to consider aspects such as where the light is coming from, and how people will approach or enter the structure. Similarly, a pavilion in a park also has a classical form of building context, but, essentially, the regulations of the context need to merge with the forces of the internal aspects of the structure, for instance, the movement from the inside to outside or from the outside in.

**KM:** Pavillonprojekte müssen in kurzer Zeit die Aufmerksamkeit der Leute erregen. Wie bereitet man das in der Entwurfsphase vor?

**BvB:** Ich habe immer daran geglaubt, dass man das Interesse nicht mit dem ersten Bild oder dem ersten Effekt, den man entwirft, findet, und dass das auch eigentlich für ein Gebäude, gleich welchen Typs, keine besonders interessante Art ist zu kommunizieren. Häufiger ist es das, was wir »Nachbild« nennen, oder es sind die Doppeldeutigkeiten, die man erschafft, ein gewissermaßen gestaffelter Effekt oder eine Faszination, die man im Entwurf, der Aufmerksamkeit erregen soll, vorstellt. Man kann eine Art von Schnittstelle erschaffen, wodurch der Pavillon zu einem Ideogramm wird, in dem die visuellen Elemente des Pavillons mit den theoretischen Aspekten des Entwurfs kombiniert werden. Dies impliziert eine linguistische Form, aber eigentlich ist es eher eine Verbindung des Formalen und des Linguistischen, eine Art von Gegenüberstellung der beiden, vielleicht nicht unähnlich den idiogrammatischen Eigenschaften der chinesischen Schriftzeichen, wo die visuelle Repräsentation eine Sache darstellen mag, die aber eigentlich als ein Zeichen für die Bedeutung oder das dargestellte Wort fungiert.

**KM:** Es liegt in der Natur der Sache, dass sich Pavillons üblicherweise stark auf ihren Aufstellungsort beziehen, wobei sie oft eine Erweiterung eines bestehenden Gebäudes oder eines Aufstellungsortes sind. Wie gehen Sie in Ihren Entwürfen mit dieser Besonderheit um, und unterscheidet sich das wirklich von größeren Bauvorhaben?

**BvB:** Das ist eigentlich ganz ähnlich wie bei einem Gebäude und hat wieder mit der Idee des Nichtvorhandenseins eines tatsächlichen Größenverhältnisses zu tun, da die Umgebung auf viele verschiedene Arten betrachtet werden kann und nicht auf eine einzige Größe reduziert werden muss. Pavillons, wie andere Gebäude auch, brauchen einen formalen, vom Kontext abhängigen Ansatz. Sogar bei einem Pavillonprojekt für ein Museum muss man sich um solche Sachen kümmern, zum Beispiel von wo das Licht kommt und wie sich die Leute dem Bauwerk nähern oder es betreten werden. Ähnlich ist es bei einem Pavillon im Park, der in einem typischen Gebäudekontext steht, da sich grundsätzlich die Bedingungen der Umgebung mit den inneren Aspekten des Pavillons, wie zum Beispiel die Bewegung von innen nach außen oder von außen nach innen, verbinden müssen.

8

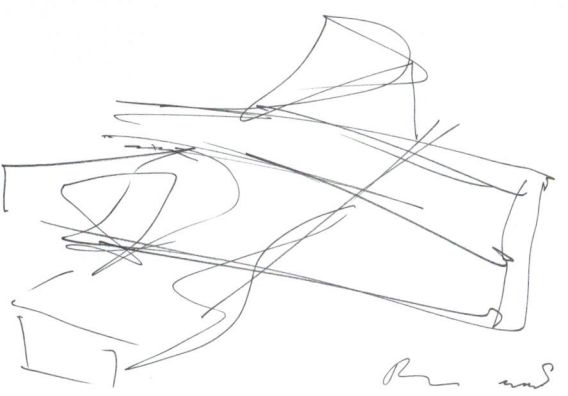

9

8   UNStudio, Pavillon im Battery Park, New York, 2009
    | UNStudio, Pavilion in Battery Park, New York, 2009
9   UNStudio, Skizze Pavillon im Battery Park, New York, 2009
    | UNStudio, Sketch Pavilion in Battery Park, New York, 2009

Pavilions: An Interview by Karen Murphy                    **86 | 87**

10

11

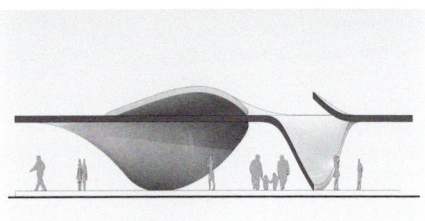

12

**KM:** Angesichts der aktuellen Bedenken in Bezug auf die Nachhaltigkeit in der gesamten Designindustrie: Welche Lösungen können in die Entwürfe von temporären Pavillons integriert werden, um diesen Bedenken entgegenzuwirken?

**BvB:** Grundsätzlich muss jeder Entwurf für temporäre Bauwerke von Anfang an darauf achten, dass die Materialien wiederverwendet werden können. So verhält sich das auch bei dem Pavillon, den wir gerade in Chicago bauen |**Abb. 10**|**11**|**12**|. Es ist ein temporäres Bauwerk, das zur Feier des hundertjährigen Jubiläums des Burnham-Plans für Chicago errichtet wird. Unser Pavillon wird aus relativ einfachen Materialien erbaut werden. Wichtiger ist jedoch, dass der Bauunternehmer – der sich selbst als »dekonstruktivistischer Bauunternehmer« bezeichnet – das Projekt weiterführen will, indem er die Konstruktion abbaut und die Materialien Künstlern zur Verfügung stellt, die ihrerseits die Materialien verwenden werden, um in der Stadt Kunstwerke im öffentlichen Raum zu errichten. Das ist also eine Lösung, die nicht nur sicherstellt, dass kein Material verschwendet wird, sondern auch, dass das Material auf eine Art verwendet wird, die eine Fortführung seines ursprünglichen Verwendungszwecks ist.

**KM:** Wie wichtig ist Pavillonarchitektur für junge, aufstrebende Büros?

**BvB:** Pavillons sind sehr wichtig als Versuchsgelände für Ideen, die man als junger Architekt oder als neues Büro noch nicht ausprobieren konnte. Sie bieten eine Projektionsfläche für Ambitionen und eine Gelegenheit, Ideen weiter auszubauen. Was aber ein bisschen überrascht, ist die Tatsache, dass die etablierten Büros sich in diesen Projekten weniger zu engagieren scheinen als man erwarten sollte. Ich kenne Pavillonprojekte von Rem Koolhaas und Peter Eisenman und eine Reihe von Herzog & de Meuron, aber ich finde es wirklich schade, dass Pavillons heute nicht mehr so oft als konzeptionelle Versuchsgelände verwendet werden.

**KM:** Given contemporary concerns surrounding sustainability for the design industry as a whole, what solutions can be incorporated into the design of temporary pavilions to offset these concerns?

**BvB:** Essentially, the design for any temporary structure needs to incorporate the re-use of materials from the outset. This is also the case in the pavilion we are building in Chicago. It is a temporary structure to celebrate the centennial of the Burnham plan for Chicago |**figs. 10**|**11**|**12**|. Our pavilion will be constructed from quite basic materials, but most essentially, the contractor for the project—who describes himself as a "deconstructivist contractor"—will extend the project by dismantling the structure and passing the materials on to artists, who, in turn, will use this material to construct public art works in the city. This is then a solution which ensures not only that there is no material wastage, but also that the material is recycled in a way that expands upon its initial use.

**KM:** How important is pavilion architecture to young, emerging firms?

**BvB:** Pavilions are very important as a testing ground for the ideas that, as a young architect or firm, you haven't as yet had the opportunity to carry out. They provide a projection for ambitions and an opportunity to build on ideas. What is, in fact, slightly surprising is the fact that more established firms don't seem to engage in these projects as much as one might expect. I have seen pavilion projects from Rem Koolhaas and Peter Eisenman, and a number by Herzog & de Meuron, but I do find it a pity that pavilions are not used so much anymore as a theoretical testing ground.

**KM:** What, if any, are the limitations of this form?

**BvB:** Sometimes, perhaps you could think that the use of certain materials could create a limitation, in the sense that they would not be suitable, like concrete, for instance. But in fact, that's not essentially true. One of the first pavilion projects I did was an installation called Dream Transport, where I used a mix of many different materials, including concrete. I was fascinated at the time with cast materials and perhaps, also influenced by Le Corbusier's La Tourette project and the early Surrealists like Giorgio de Chirico. But Dream Transport was, in fact, made of cast concrete forms in a gallery space and it was quite a challenge to get it built and installed. So I suppose it depends on how you limit yourself or that the only limitations are, in fact, the ones you create for yourself.

**KM:** In your opinion, what qualities/considerations are essential to good pavilion design?

**BvB:** I think a good pavilion contains a kind attraction which draws you in and needs to work on many levels, in the same way as a building needs to work or even a painting needs to work. They need to communicate on several levels. A good design will also be groundbreaking on some level. I once saw a beautiful pavilion done by David Adjaye, where he worked with both the transparency and intensity of light, and created a wonderful and intense visual experience which went beyond the notion of the space itself.
On the whole, I believe that pavilions can be seen not just as models for experimenting with materials or construction techniques, but also as models for thinking, as intellectual constructs. Through the experience of working with the diagram or even design models, as apart from working in a linear process of moving from sketch to design, the pavilion can be seen as a kind of extension of an instrument for design; the pavilion can function as a possible apparatus for the process of design.

**KM:** Worin liegen die Grenzen dieser Architekturform, wenn sie überhaupt welche hat?

**BvB:** Manchmal könnte man meinen, dass die Verwendung bestimmter Materialien eine Beschränkung darstellt, in dem Sinne, dass sie unpassend sind – wie zum Beispiel Beton. Aber eigentlich ist das nicht grundsätzlich richtig. Eines meiner ersten Pavillonprojekte war eine Installation, die Dream Transport hieß, und für die ich eine Menge verschiedener Materialien, unter anderem auch Beton, verwendete. Mich faszinierten damals gegossene Materialien, und ich stand vielleicht auch unter dem Einfluss von Le Corbusiers La-Tourette-Projekt und den frühen Surrealisten wie Giorgio de Chirico. Aber Dream Transport wurde tatsächlich aus gegossenen Betonformen in einem Ausstellungsraum aufgebaut, und es war eine ziemliche Herausforderung, es zu bauen und zu installieren. Ich glaube, dass es davon abhängt, inwieweit man sich selbst beschränkt, oder dass die einzigen Grenzen, die es gibt, diejenigen sind, die man sich selbst setzt.

**KM:** Welche Eigenschaften, Überlegungen sind Ihrer Meinung nach wichtig für gute Pavillonentwürfe?

**BvB:** Ich glaube ein guter Pavillon birgt eine Art von Attraktion, die einen anzieht, und er muss auf verschiedenen Ebenen funktionieren, genau so wie auch ein Gebäude oder sogar ein Gemälde funktionieren muss. Sie müssen auf verschiedenen Ebenen kommunizieren. Ein guter Entwurf wird auch auf irgendeine Weise innovativ sein. Ich habe mal einen wunderschönen Pavillon von David Adjaye gesehen, bei dem er sowohl mit der Transparenz als auch der Intensität von Licht arbeitete und ein wunderschönes und intensives visuelles Erlebnis erzeugte, das weit über das Verständnis von Raum an sich hinausging.
Alles in allem glaube ich, dass Pavillons nicht nur als Modelle zum Experimentieren mit Materialien oder Konstruktionsmethoden verstanden werden können, sondern auch als Modelle für Ideen – als intellektuelle Konstrukte. Durch die Erfahrung des Arbeitens mit Diagrammen oder auch Designmodellen, jenseits des Arbeitens in einem linearen Prozess von Skizze zu Entwurf, kann der Pavillon als eine Art Erweiterung eines Entwurfsinstruments verstanden werden: Der Pavillon kann als eine mögliche Ausrüstung für den Entwurfsprozess fungieren.

**Karen Murphy**
ist Künstlerin in Amsterdam.
| is an artist based in Amsterdam.

**The Thing**
Installation in der Ausstellung *Ben van Berkel and*
*The Theatre of Immanence,* Portikus, Frankfurt am Main, 2007
| Installation in *Ben van Berkel and The Theatre of Immanence,*
  Portikus, Frankfurt am Main, 2007

**Wie man diese Öffnungen füllt und andere**
**Formen des Verlangens in der Architektur**
Gestaltungsmöglichkeiten in Architekturentwürfen
| **How to Fill These Holes and Other**
**Forms of Desire in Architecture**
Structuring Potentials in Architectural Design

Johan Bettum

Im Lauf der letzten Jahre wurde eine kleine Reihe von Pavillons und pavillonartigen Projekten von verschiedenen Architektengruppen der Architekturklasse der Städelschule entworfen. Diese Projekte dienten als Experiment und haben zum Inhalt des akademischen Programms beigetragen. Bestandteil war eine einzigartige Untersuchung des aktuellen Status der architektonischen Oberfläche und der Rolle der Konstruktion in der Erschaffung von Raum. Diese Projekte legen nahe, dass die Konstruktion von Architektur immanent in Form und Raum ist und dass ein ganzheitliches Umgehen mit diesen Themen für die zeitgenössischen Anliegen der Architektur näherliegend wäre als die Themen, die in traditionellen theoretischen Modellen präsentiert werden.

In letzter Konsequenz bezieht sich die Untersuchung auf die Tektonik der Architektur und im Besonderen auf die Art, in der Material und Konstruktion mit architektonischen Formen koordiniert werden um experimentelle Effekte hervorzurufen, und folglich auch ästhetische Qualitäten. Gottfried Semper, deutscher Architekt und Theoretiker des 19. Jahrhunderts, spielte eine bedeutende Rolle in der frühen Entwicklung der tektonischen Theorie. Er stellte sich die Erschaffung von Raum als das Ergebnis des menschlichen Verlangens vor, durch Stoffe zu verdecken und zu verschönern. Die Pfosten-Riegel-Architektur ermöglichte das Aufhängen solcher Stoffe.

Sempers Vorstellung hat zu dem Verständnis beigetragen, dass Ornament, Konstruktion und Form voneinander unabhängige Konzepte sind. Traditionell werden sie als einander entgegengesetzte Begriffe gesehen, und die Architektur wird so auf ein unsystematisches Bemühen reduziert, Teile zusammenzufügen und die Form gegen die Konstruktion zu behaupten. Belange der Konstruktion oder der Ästhetik werden zur Dienstbarkeit degradiert. Auf dieser Tradition basierende Architekturentwürfe zeigen oftmals die Herstellung von Form und die Geste der zweidimensionalen Verkleidung als die einzigen Produzenten von Raum. Viele aktuelle Projekte, die unter Verwendung von diagrammatischen Figuren oder fortschrittlicheren digitalen Methoden, wie zum Beispiel auf Scripting spezialisierten Softwaremodulen, entworfen worden sind um die Geometrie der Gebäudehülle zu entwickeln, zeigen dies als einen vorherrschenden Umgang mit Architektur. Egal wie vielschichtig die Gebäudehülle in diesen Projekten ausgebildet ist, bleibt sie eine zweidimensionale Erweiterung und sagt nichts weiter über die Organisation von architektonischem Raum aus, als nur seine Begrenzung zu markieren.

Over the last few years, a small set of pavilions and pavilion-like projects have been designed by various constellations of architects on the faculty of the Städelschule Architecture Class (SAC). These projects have served as experiments and have informed the content of the academic program. They comprise a singular inquiry into the contemporary status of the architectural surface and the role of structure in the production of space. The projects suggest that architectural structure is immanent to form and space, and that a holistic view of these would be closer to contemporary concerns in architecture than those presented by traditional theoretical models.

The inquiry refers ultimately to architectural tectonics, in particular, the manner in which material and structure is coordinated with architectural form to produce experiential effects, and, therefore, aesthetic qualities. The nineteenth-century German architect and theorist Gottfried Semper was central to the early formulation of tectonic theory. He envisioned the production of space as the result of an original human impulse to cover and beautify by the wrapping of fabrics. The post and lintel structure enabled the hanging of these fabrics for the construction of architecture.

Semper's model has contributed to the view that ornament, structure, and form are independent considerations. Tradition poses these as oppositional terms, and reduces architecture to a piecemeal endeavor of assembling parts and verifying form against structure. Structural and aesthetic considerations are relegated to subservience. Architectural design based on these traditions often renders form-making and the gesture of two-dimensional wrapping the sole generators of space. Many recent projects that have been designed with the use of diagrammatic figures or more advanced digital techniques, such as scripting specialized software modules to develop the geometry of the building envelope, symptomatically express this as a prevalent approach to architecture. No matter how complex the building envelope is constituted in these projects, it remains an extension in two dimensions and says little about the organization of the architectural space other than defining its enclosure.

The essential question today is neither about form nor the traditional opposition of terms. It is about space. How can space be thought of and constructed at a time when it is suffused with information, visual and invisible? How can it be occupied and activated when it is already full of virtual and actual forms? Rather than merely being the result of human agency, contemporary space presents a flux of information and matter, and architecture needs to see itself as part of this medium. It can be thought of as a forest full of trees and other animate and inanimate forms. A new tree in a forest does not organize the space of the forest, but adds to an already existing flora of forms and their spatial totality. Likewise, a new architectural form does not originate space; it emerges in an already existing space through the structuring potential of design and the modification and tailoring of materials. In this manner, it taps into a plethora of possible as well as visible or invisible forms that already exist. For this coming of form, the matter at hand must be structured.[1]

The structuring potential for architectural space has been explored in the design for The Stonehouse (2005–), a small extension to a summerhouse in southern Norway |figs. 1|2|3|. The planned extension is situated directly by a fjord and built around an existing, rustic and Italianate one-room house constructed from local rock. The new house will offer ninety-nine square meters of indoor space with all holiday-home amenities. The design has gone through many phases. It included computerized techniques to explore the space of the site in terms of particle streaming to map organizational potentials for clustering the particles and the emergence of a structuring geometry for the design of the building.

For the roof structure and its terraced deck, to be realized in fiber-reinforced composite materials, two vertical, load-bearing bodies, have been designed. They would present a unique structural typology with these material systems since fibrous composites as a rule are considered for shells and "monocoques." The composite surfaces of the load bearing shafts would negotiate both compression and tension; the columnar bodies would be oriented opposite to one another and form a triangulated structural unit with the roof deck acting as a brace between them.

Bei der entscheidenden Frage heute geht es weder um die Form noch um den traditionellen Gegensatz der Begriffe. Es geht um den Raum. Wie kann man Raum denken und bauen zu einer Zeit, in der er mit sichtbaren und unsichtbaren Informationen überflutet ist? Wie kann man ihn bewohnen und aktivieren, wenn er bereits voller virtueller und tatsächlicher Formen ist? Statt nur das Ergebnis des menschlichen Tuns zu sein, präsentiert der zeitgenössische Raum eine Fülle von Informationen und Materie, und die Architektur muss sich selbst als einen Teil dieses Mediums verstehen. Man kann sie als einen Wald voller Bäume und anderer belebter und unbelebter Formen verstehen. Ein neuer Baum im Wald ordnet nicht den Raum im Wald, sondern ist ein Beitrag zu einer bereits existenten Flora von Formen und ihrer räumlichen Gesamtheit. Auf ähnliche Weise bringt eine neue architektonische Form keinen Raum hervor; sie entsteht in einem bereits existenten Raum durch das Konstruktionspotenzial des Entwurfes sowie die Bearbeitung und das Konfektionieren der Materialien. Auf diese Weise stimmt sie in eine Vielzahl möglicher, sowohl sichtbarer als auch unsichtbarer bereits existierender Formen mit ein. Für dieses Entstehen von Form muss die vorliegende Materie bearbeitet werden.[1]

Das Konstruktionspotenzial für Architekturraum wurde in dem Entwurf für The Stonehouse untersucht (seit 2005), einem kleinen Erweiterungsbau für ein Ferienhaus im Süden Norwegens |Abb. 1|2|3|. Der geplante Anbau liegt direkt neben einem Fjord und wurde um ein vorhandenes rustikales Haus – in italienischem Stil mit einem einzigen Raum und aus lokalem Stein – herum gebaut. Das neue Haus wird neunundneunzig Quadratmeter Innenraum mit allen Bequemlichkeiten eines Ferienhauses bieten. Der Entwurf hat viele Entwicklungsstufen durchlaufen. Dabei wurden elektronische Methoden eingesetzt, mit denen man den Raum des Bauplatzes mittels eines Stroms von Partikeln untersuchen konnte, um die Anordnungsmöglichkeiten zur Verbindung der Partikel auszuloten und das Entstehen einer gliedernden Geometrie für den Entwurf des Gebäudes zu verfolgen.

Für die Dachkonstruktion und die Dachterrasse, die aus verstärkten Faserverbundwerkstoffen gebaut werden sollten, wurden zwei vertikale tragende Stützen entworfen. Sie stellten durch diese Materialien eine einzigartige statische Typologie dar, angesichts der Tatsache, dass Faserverbundwerkstoffe generell für Hüllen und »Ganzschalen« eingesetzt werden. Die Oberflächen der tragenden Stützen aus Verbundwerkstoffen können sowohl mit Druck als auch Spannung umgehen; die säulenförmigen Körper sind einander gegenüber angeordnet und formen eine dreieckige Konstruktionseinheit mit der Dachterrasse, die als eine Klammer zwischen ihnen fungiert.

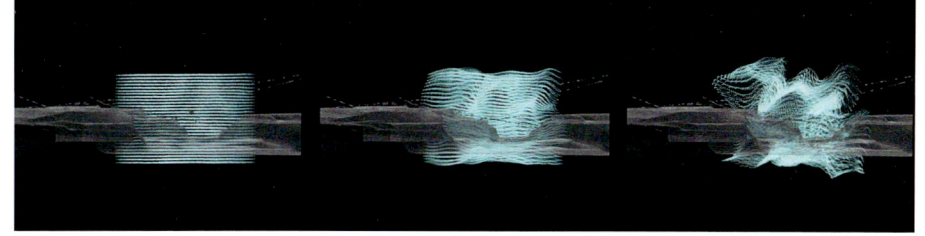

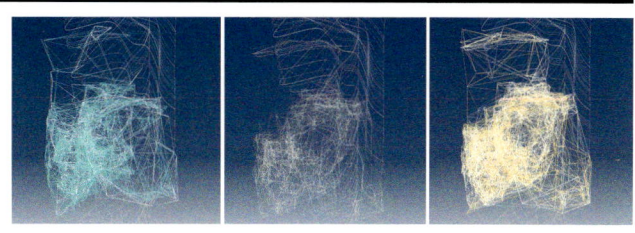

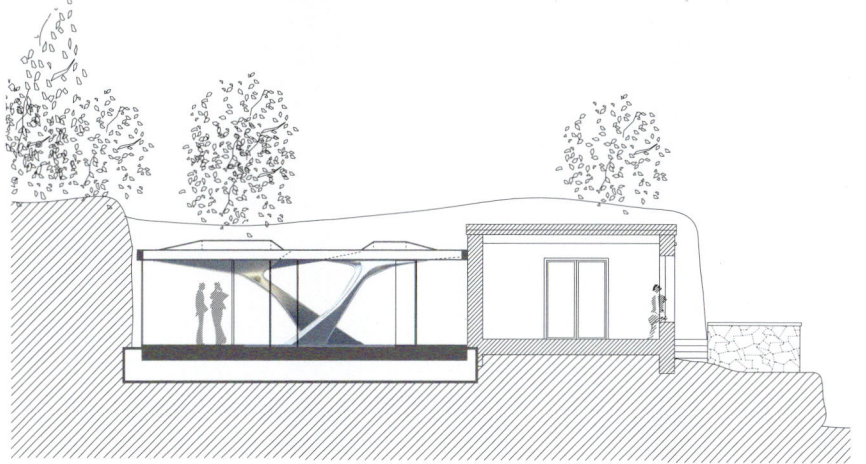

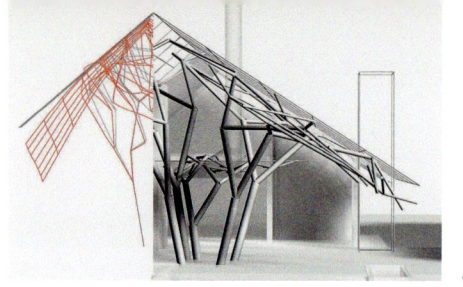

4

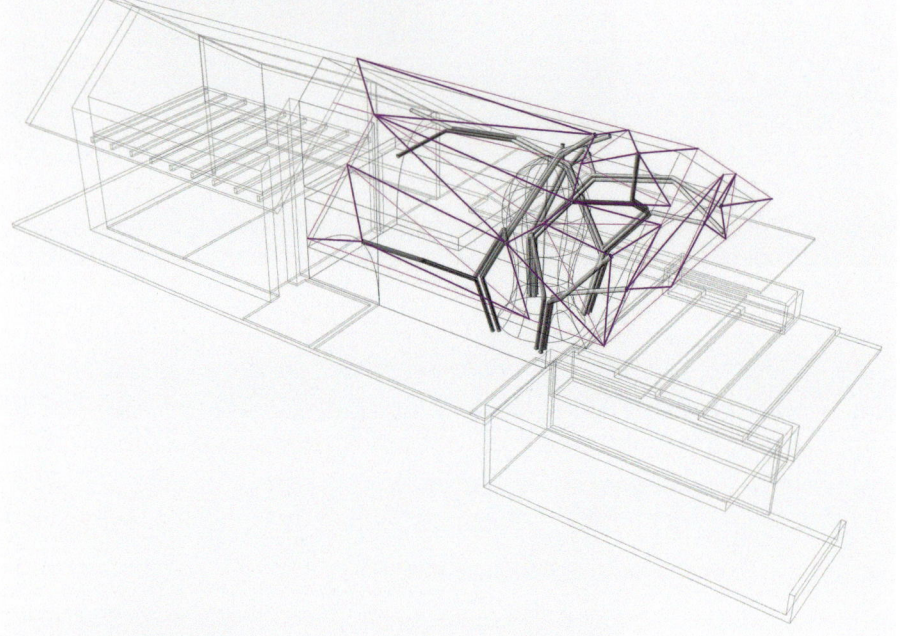

5

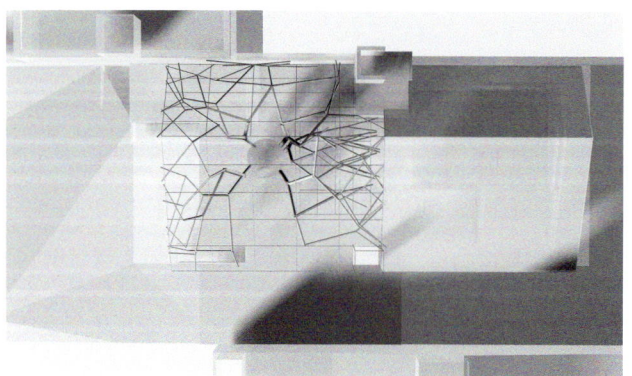

6

**4 | 5 | 6  The Lakehouse**

Johan Bettum                                          Wie man diese Öffnungen füllt und andere Formen des Verlangens …

Die statische Konstruktion des Stonehouses bestimmt die gesamtarchitektonische Lösung und teilweise auch die Gliederung des Grundrisses. Der Entwurf ist durch das Verlangen motiviert, dass die materiellen, tragenden Elemente den Architekturraum bestimmen und die Faser- und Gewebeverstärkungen in der Zusammensetzung sein »Timbre« hervorbringen sollen.

Bei einem folgenden ähnlichen Projekt für den Anbau eines Ferienhauses in Patagonien (Argentinien), The Lakehouse (seit 2007), ist die Gestaltung der statischen Elemente aus The Stonehouse in ein filigranes, räumliches Konstruktionsfeld aufgelöst |**Abb. 4|5|6**|. Der Entwurf des Pavillons verlängert das Satteldach des bestehenden Hauses in Richtung des Gartens, der an einem See liegt. Das neue Dach wird von vier baumartigen Stahlkonstruktionen getragen, die in unregelmäßigen Abständen um einen Herd in der Mitte herum gruppiert sind. Der Entwurf dieser Elemente versucht eine dynamische Spannung zwischen der Durchdringung des Raumes, der schrittweise stattfindenden Auflösung der Masse des bestehenden Betonhauses in Richtung Garten und der Eröffnung unzähliger Ausblicke auf den See entstehen zu lassen.

Das Projekt wurde als eine Forschungsarbeit in Zusammenarbeit mit dem Ingenieurbüro Bollinger + Grohmann mit dem Ziel durchgeführt, fortschrittliche digitale Technologien zur Koordination und Integration von Architektur- und Ingenieurplanung zu untersuchen. In diesem Verfahren wurde eine anwendungsspezifische Scripting-Sprache verwendet, um Teile des computerisierten Designprozesses zu automatisieren. Solche Prozesse ermöglichen es, repetitive Aufgaben effizient zu bewältigen und die Ergebnisse im Hinblick auf die ausgewählten Kriterien zu modifizieren. Kreiskausalität im Designprozess und zwischen den einzelnen Teilnehmern sind für die Arbeit von großer Bedeutung. Für The Lakehouse wurde ein »Lindenmayer-System« verwendet, das einen informellen Prozess kennzeichnet, der darauf basiert, eine formale Reihe von Elementen und Regeln zu definieren, um verschiedene Variationen der statischen Typologie zu generieren.[2] Diese Variationen wurden ihrerseits Designüberlegungen und ästhetischen Bewertungen unterworfen, um zu vermeiden, dass das Ergebnis vollständig von den Entwürfen des Computers bestimmt wird.

Sowohl The Stonehouse als auch The Lakehouse sind Experimente, die versuchen das Interesse an Form abzulösen und die Rolle der Konstruktion in der Erschaffung des Raumes zu befördern. Sie stellen eine Alternative zu einer Reihe von aktuellen Projekten dar, welche die Hülle

The structural design for The Stonehouse drives the overall architectural solution and partly regulates the organization of the plan. The design is motivated by the desire to see the material structural elements calibrate the architectural space and the fibrous and textile reinforcement in the composite generate its "timbre."

In The Lakehouse (2007–), a subsequent and similar project for an extension to a summerhouse in Patagonia, Argentina, the embodiment of the structural elements in The Stonehouse is dissolved into a filigree, spatial-structural field |**figs. 4|5|6**|. The proposed pavilion extends the saddle roof of the existing house toward the garden that runs down to a lake. The new roof is supported by four tree-like, steel structures that are positioned irregularly around a central hearth. The design of these elements have sought to establish a vibrant tension between saturating the space with structure, dissolving the mass of the existing concrete building in a gradient toward the garden, and allowing for multiple vistas to the lake.

The project has been executed as a research endeavor in collaboration with the structural engineering firm Bollinger + Grohmann with the aim to examine advanced digital techniques for the coordination and integration of architectural and engineering design. The process has involved the use of application-specific scripting language to automate parts of the computerized design process. Such processes allow repetitive tasks to be executed in an efficient manner and the solution to be modified with respect to select criteria. Feedback systems in the design process and between its participants are central to the work. For The Lakehouse, a "Lindenmayer system," which denotes a causal process based on defining a formal set of elements and rules,[2] was employed to generate variations on the structural typology. These variations were, in turn, subjected to design considerations, including aesthetic evaluations, to avoid an otherwise wholly computer-based determination of the results.

Both The Stonehouse and The Lakehouse are experiments that attempt to divest an interest in form and to promote the role of structure in the production of space. They present an alternative to a number of recent projects that transform the building envelope into a structural system. Many of the latter type projects are highly accomplished architecturally. One example is Toyo Ito, Cecil Balmond and colleagues' Serpentine Pavilion of 2002. Other qualities apart, however, these projects fail to suggest an alternative to traditional tectonics. In fact, they reify architectural form in its historical role as *the* singular means to generate space. They supply little for the design of the interior organization of space.

Nowhere is the bankruptcy of contemporary surface strategies more copious than in the fashion to produce building envelopes that are reduced to a mere wire-frame skeleton or expanded mesh. This marks the apotheosis of the modernist attempt to liquefy the solidity of the exterior boundary without turning it into "a curtain wall." Contemporary architecture never gave good reason why so many holes are necessary. Within a short period, holes have left architecture wanting of subject matter and have reduced surface perforation to a dimensionless phenomenon of pattern-making. Historically, holes exist as spatial conditions; both doorways and window openings are examples of holes puncturing the building envelope. Framing an event, such as access, or mediating vistas, holes have come in many shapes but have been primarily rectangular. Holes are essential to life; they enable breathing, feeding, pleasure, and procreation. In a fundamental sense, holes enable communication and exchange.

The surface perforations featured in The Thing, a pavilion in the exhibition *Ben van Berkel and The Theatre of Immanence* (Städelschule's Portikus gallery) were motivated by the desire to animate the surface in an integral manner with the space of the exhibition |figs. 7|8|9|10|.[3] The latter was conceived as "an urban cerebellum," a theater or "a plane of immanence."[4] The perforated and volumetric surface divided the exhibition space into two levels. The lower level served as a gallery and accommodated projects by other artists and architects; the upper level served as a stage for different events: lectures, symposia, talks, and art performances. The surface, shaped like a cup-like agora,[5] constituted the connective tissue between the two functional zones.

des Gebäudes in ein statisches System verwandeln. Viele der Projekte dieses letzteren Typs sind höchst versierte Architekturen. Ein Beispiel dafür ist der Serpentine-Pavillon aus dem Jahr 2002 von Toyo Ito, Cecil Balmond und Mitarbeitern. Abgesehen von ihren anderen Qualitäten gelingt es diesen Projekten jedoch nicht, Alternativvorschläge gegenüber der traditionellen Tektonik zu machen. Es ist sogar so, dass sie Architekturformen in ihrer historischen Rolle als die einzige Art, Raum zu erschaffen, verdinglichen. Zu einem Entwurf zur Aufteilung von Raum tragen sie wenig bei.

Nirgendwo wird die Bankrotterklärung der aktuellen Oberflächenlösungen deutlicher als in der Mode, Gebäudehüllen zu schaffen, die auf ein bloßes Drahtgitterskelett oder erweitertes Netz reduziert sind. Das ist die Apotheose des modernen Versuchs, die Festigkeit der äußeren Begrenzung zu verflüssigen, ohne sie in eine vorgehängte Fassade zu verwandeln. Die zeitgenössische Architektur hat niemals einen guten Grund genannt, warum so viele Öffnungen notwendig sind. Innerhalb kurzer Zeit haben die Öffnungen dazu geführt, dass den Gebäuden die Thematik fehlte und die Öffnungen haben die Perforation der Oberfläche auf ein dimensionsloses Phänomen der Musterherstellung reduziert. Historisch gesehen fungieren Öffnungen als Bedingungen des Raumes; sowohl Tür- als auch Fensteröffnungen sind Beispiel für Öffnungen, welche die Gebäudehülle durchbrechen. Öffnungen rahmen ein Ereignis wie einen Zugang, oder vermitteln Blicke und treten in vielen Formen auf, hauptsächlich jedoch als Rechtecke. Öffnungen sind lebensnotwendig; sie ermöglichen Atmen, Essen, Genuss und Fortpflanzung. Ganz grundsätzlich gesehen ermöglichen Öffnungen Kommunikation und Austausch.

Die Perforationen der Oberfläche, wie sie in The Thing, einem Pavillon in der Ausstellung der Städelschule im Portikus, *Ben van Berkel and The Theatre of Immanence,* auftauchte, war durch den Wunsch entstanden, die Oberfläche auf eine Art zu beleben, die im engsten Zusammenhang mit dem Ausstellungsraum stand |Abb. 7|8|9|10|.[3] Der Ausstellungsraum war als ein »urbanes Kleinhirn« gestaltet, eine Bühne oder »eine Fläche des Innehaltens«.[4] Die perforierte und volumetrische Oberfläche unterteilte den Ausstellungsraum in zwei Ebenen. Die untere Ebene diente als eine Ausstellungsfläche, auf der Projekte anderer Künstler und Architekten ausgestellt wurden; die obere Ebene diente als Bühne für Veranstaltungen unterschiedlicher Art: Vorträge, Symposien, Gesprächsrunden und künstlerische Performances. Die Oberfläche, die wie eine kelchartige Agora geformt ist,[5] bildet das verbindende Gewebe zwischen diesen beiden Zweckbereichen.

7

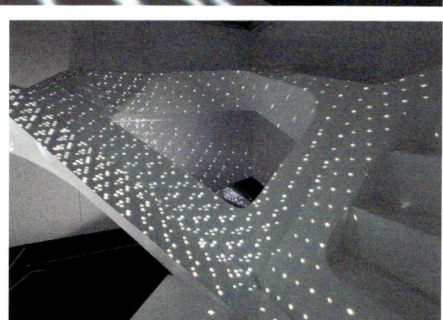

8

10

9

The five surface perforations, developed with a 3D Voronoi diagram,[6] secured a connection between the two levels. The strategy for puncturing the surface was loosely conceived as a device with reference to the "Art of Memory" as a spatial mnemonic system.[7] One cell formed an arch and entry to the central stage of the upper level. Two allowed visual connection between the levels, and two were filled with staggered boxes for seating visitors. In addition to this "programming" of the holes, a digital-controlled shape-projection light installation embellished the white, wooden CNC-produced top surface of The Thing with multiple, dynamic image-sets. It presented a case of state-of-the-art, visually augmented architecture. The control of the space was extended to the Internet as a virtual, interactive exhibition where visitors enjoyed live visual and auditory feeds from the gallery, could influence the dynamics of the projection with their mouse, and leave text messages that were relayed as audible messages to the gallery.

The result was an architectural space saturated with programmatic and formal geometric elements; *The Theatre of Immanence* presented a synthesis of the volumetric surface typology, structure, and exhibition program. In this manner, it formed an extension and alternative to the exploration of the structural typology in the two previous projects. The Thing and *The Theatre of Immanence* embodied a single desire: to fill and saturate the space.

For all their differences, the three projects briefly presented here have been designed on the idea that architectural space partakes in a much larger spatial context. The design of architecture is concomitant to triggering structuring potentials in this context, and the potentials exist as flows of matter and information that must be gathered, materialized, and given direction in space.

Die fünf Öffnungen, die unter Verwendung eines dreidimensionalen Voronoi-Diagramms[6] entwickelt wurden, ermöglichten die Verbindung der beiden Ebenen. Die Planung der Oberflächendurchbrechung bezieht sich in gewisser Weise auf »Gedächtnis und Erinnerung« als einem räumlichen Erinnerungssystem.[7] Eine Zelle bildete einen Bogen und den Eingang zur Hauptbühne auf der oberen Ebene. Zwei Zellen ermöglichten Blickachsen zwischen den beiden Ebenen und zwei weitere waren mit gestapelten Kisten gefüllt, auf denen die Besucher sitzen konnten. Über diese »Programmierung« der Öffnungen hinaus schmückte eine digital gesteuerte Lichtinstallation die weißen Holzoberflächen von The Thing – die mit CNC-Fräsen hergestellt waren – mit vielfältigen sich veränderndernen Bildabfolgen. Der Pavillon stellte eine hochmoderne, visuell überhöhte Form der Architektur dar. Die Kontrolle des Raumes wurde ins Internet in Form einer virtuellen, interaktiven Ausstellung ausgeweitet, in der Besucher visuelle und akustische Direktübertragungen aus der Galerie miterleben und die Dynamik der Projektion mit ihrer Maus beeinflussen konnten, indem sie Textnachrichten hinterließen, die als Sprachnachrichten in die Galerie übertragen wurden.

Das Ergebnis war ein Architekturraum, der von programmatischen und formalen geometrischen Elementen durchdrungen war; *The Theatre of Immanence* präsentierte eine Verbindung volumetrischer Oberflächentypologie, Konstruktion und Ausstellungskonzept. Auf diese Weise bildete es eine Erweiterung und Alternative zur Erforschung der statischen Typologie der beiden zuvor genannten Projekte. The Thing und *The Theatre of Immanence* verkörperten ein einziges Verlangen: den Raum zu füllen und zu durchdringen.

Trotz all ihrer Unterschiede wurden die drei hier kurz vorgestellten Projekte alle auf der Grundlage der Idee entworfen, dass der Architekturraum Teil eines wesentlich größeren räumlichen Zusammenhangs ist. Architektur zu entwerfen ist gleichbedeutend mit dem Auslösen von Gliederungspotenzialen in diesem Kontext, und diese Potenziale bestehen als Flüsse von Materie und Information, die gesammelt und vergegenständlicht werden müssen und denen man dann eine Verortung im Raum geben muss.

**Projekte | Projects**

**The Stonehouse – Phase 2 & 3,**
Norwegen (2005–2007, seit 2009)
Architekten:
Johan Bettum (ArchiGlobe), Luis Etchegorry
Digitale Bearbeitung:
Heidi Ekstrøm (Catia), Jørgen Leirdal (Maya),
Valerie Kerz (Rhino)
| Norway (2005–07, 2009–)
  Architects:
  Johan Bettum (ArchiGlobe), Luis Etchegorry
  Digital modelling:
  Heidi Ekstrøm (Catia), Jørgen Leirdal (Maya),
  Valerie Kerz (Rhino)

**The Lakehouse,**
Norwegen (seit 2007)
Architekten:
Johan Bettum (ArchiGlobe), Luis Etchegorry,
Anton Savov (scripting)
Ingenieure:
Bollinger + Grohmann Ingenieure:
Prof. Dr.-Ing. Klaus Bollinger und Prof. Dipl.-Ing.
Manfred Grohmann, Dr.-Ing. Oliver Tessmann
(Scripting), Thomas Ekwall, Sasha Bohnenberger,
Dimitri Demine
| Norway (2007–)
  Architects:
  Johan Bettum (ArchiGlobe), Luis Etchegorry,
  Anton Savov (scripting)
  Engineers:
  Bollinger + Grohmann Ingenieure:
  Prof. Dr.-Ing. Klaus Bollinger and Prof. Dipl.-Ing.
  Manfred Grohmann, Dr.-Ing. Oliver Tessmann
  (scripting), Thomas Ekwall, Sasha Bohnenberger,
  Dimitri Demine

**The Thing**
Installation in der Ausstellung *Ben van Berkel and
The Theatre of Immanence,* Portikus, Frankfurt
am Main (25. November 2007 – 13. Januar 2008)
Architekten:
Ben van Berkel (UNStudio), Johan Bettum
(ArchiGlobe), Luis Etchegorry mit
Sanford Kwinter (Beratung)
Ingenieure:
OSD: Harald Kloft mit Jürgen Wassink Scholte;
Bollinger + Grohmann Ingenieure:
Prof. Dr.-Ing. Klaus Bollinger und Prof. Dipl.-Ing.
Manfred Grohmann mit Philipp Eisenbach
Lichtinstallation:
Meso
Digital Interiors:
Sebastian Oschatz, Max Wolf u. a.
Internet:
Meso
Web Scapes:
Mathias Wollin
Bauausführung:
P&P GmbH: Thomas Poth
| Installation in *Ben van Berkel and The Theatre
  of Immanence,* Portikus, Frankfurt am Main
  (November 25, 2007 – January 13, 2008)
  Architects:
  Ben van Berkel (UNStudio), Johan Bettum
  (ArchiGlobe), Luis Etchegorry with
  Sanford Kwinter (consultant)
  Engineers:
  OSD: Harald Kloft with Jürgen Wassink Scholte;
  Bollinger + Grohmann Ingenieure:
  Prof. Dr.-Ing. Klaus Bollinger and
  Prof. Dipl.-Ing. Manfred Grohmann with
  Philipp Eisenbach
  Light installation:
  Meso
  Digital Interiors:
  Sebastian Oschatz, Max Wolf, and others
  Internet:
  Meso
  Web Scapes:
  Mathias Wollin
  Construction:
  P&P GmbH: Thomas Poth

1   Diese Vorstellung von Konstruktion und Form erinnert an die Versuche in den 1950er- und 1960er-Jahren, eine Verbindung von beiden zu erreichen. Die einfachsten Bespiele finden sich in Entwürfen von Stühlen wie zum Beispiel Eero Saarinens *Tulpenstuhl* (1955) oder Verner Pantons *Panton-Stuhl* (1968).
    | This conception of structure and form recalls attempts at achieving an integration of these in the nineteen-fifties and nineteen-sixties. The simplest examples can be found in design for chairs, such as in Eero Saarinen's *Tulip Chair* (1955) or Verner Panton's *Panton Chair* (1968).

2   Diese Art von Verfahren war ursprünglich entwickelt worden, um das Wachstum von Pflanzen oder die Morphologie von Organismen beschreiben zu können und wurde 1968 von dem ungarischen Biologen und Botaniker Aristid Lindenmayer (1925–1989) entwickelt.
    | The type of system was originally used to model the growth of plants or the morphology of organisms and was developed in 1968 by the Hungarian theoretical biologist and botanist, Aristid Lindenmayer (1925–1989).

3   The Thing war Teil der Ausstellung *Ben van Berkel and the Theatre of Immanence* im Portikus und stand am Ende des einjährigen Forschungsprojekts »The Space of Communication«, unterstützt von der Deutschen Telekom. An diesem Projekt nahm eine Reihe internationaler Künstler und Architekten teil, die unterschiedliche Aspekte der aktuellen Bedingungen für die soziale Interaktion und Kommunikation untersuchten. Ihre Arbeiten wurden auf der unteren Ebene der Galerie ausgestellt. The Thing wird im Allgemeinen *The Theatre of Immanence* genannt und wurde vom Autor kuratiert.
    | The Thing was part of the exhibition, *Ben van Berkel and the Theatre of Immanence* in Portikus, and marked the end of the one-year long exploratory project, "The Space of Communication," supported by Deutsche Telekom. This project comprised a group of international artists and architects investigating various aspects of the contemporary conditions for social interaction and communication. Their work was exhibited on the lower level of the gallery. The Thing is commonly referred to as *The Theatre of Immanence* and was curated by the author.

4   Der Wissenschaftler Sanford Kwinter war bei dem Projekt beratend tätig und trug eine Reihe wichtiger Ideen zu Konzeption und Entwurf bei.
    | The theorist Sanford Kwinter acted as a consultant to the project and offered a series of central ideas for its conceptualization and design.

5   Niklas Maak schrieb begeistert über zeitgenössisches Design und nannte The Thing »die Kernzelle einer möglichen neuen Universitätsarchitektur […]; ein modernes Amphitheater, ein Lehrfelsen und eine neuartige Kommunikationsskulptur«. (Niklas Maak, »Endlich Gegenwart!«, in: *Frankfurter Allgemeine Zeitung,* 30.12.2007, S. 25–26).
    | Writing in praise of contemporary design, Niklas Maak referred to The Thing as the nuclear core of a possible new educational architecture. "As a landscape for thinking, the theater appears as a modern-day amphi-theater," he wrote. See Niklas Maak, "Endlich Gegenwart!," *Frankfurter Allgemeine Zeitung,* December 30, 2007, pp. 25–26.

6   Ursprünglich gab es zwölf Zellen im Voronoi-Diagramm, aber aufgrund des begrenzten Budgets konnten nur fünf gebaut werden.
    | Originally there were twelve cells in the Voronoi diagram, but budget only allowed five to be built.

7   Siehe Frances Amelia Yates, *Gedächtnis und Erinnerung. Mnemonik von Aristoteles bis Shakespeare,* Berlin 1990.
    | See Frances Amelia Yates, *The Art of Memory* (London, 1966).

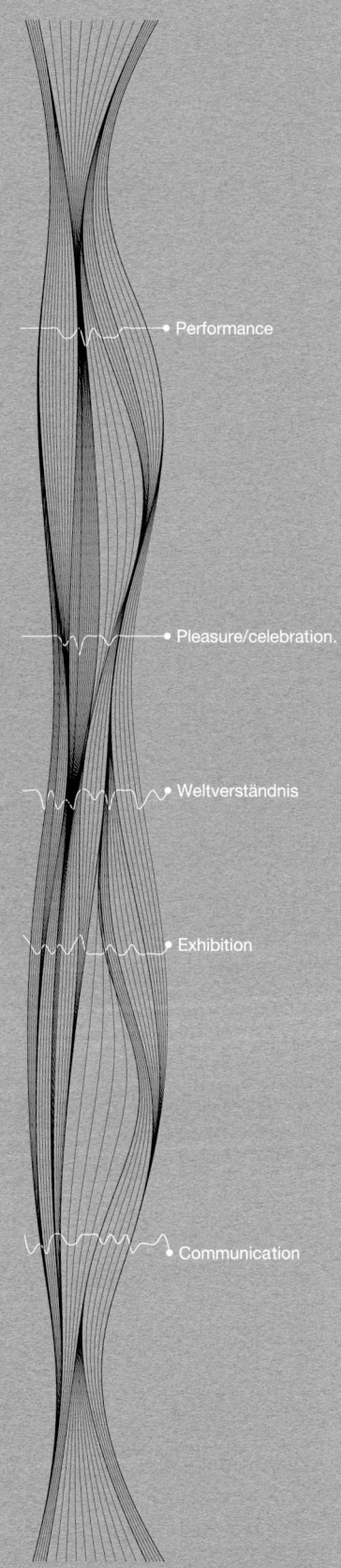

Performance

Pleasure/celebration.

Weltverständnis

Exhibition

Communication

**Eine kurze Geschichte ausgewählter Architekturpavillons**

Projektbetrachtungen der
Architekturklasse der Städelschule
**| A Brief and Select History of Architectural Pavilions**

Project Analyses by the
Städelschule Architecture Class

Projektbetrachtung

Architekturpavillons stehen oft beispielhaft für wichtige Themen der Architektur. Die Gebäude sind typischerweise klein, und sie bieten Architekten einen klar umrissenen Kontext für das Experimentieren und Erproben von theoretischen Ideen. Pavillons können als Prototypen von Architektur verstanden werden, denn sie beeinflussen oftmals die nachfolgende Entwicklung von architektonischer Theorie und Praxis.

Aus diesem Grund haben die Studierenden des Aufbaustudiums Architektur der Städelschule Architecture Class (SAC) eine kleine Auswahl von Pavillons analysiert. Die Auswahl bezieht sich auf relativ aktuelle Projekte, die in der westlichen Welt gebaut wurden, und steht nicht repräsentativ für die Geschichte des Pavillons der letzten hundert Jahre.

Diese Auswahl bietet einen Überblick über herausragende Pavillons und die modernen oder zeitgenössischen Anliegen der Architektur, für die sie stehen. Die Betrachtungen der Studenten konzentrieren sich im Allgemeinen darauf, wie Material und Aufbau dazu beitragen, architektonische Effekte zu ermöglichen. Sie schließen jedoch auch andere Aspekte wie Kultur, Kontext oder Funktion mit ein.

Siebzehn Projekte werden vorgestellt. Um den Ansatz zu systematisieren, wurden die Pavillons in eine oder mehrere der folgenden Kategorien eingeteilt:

**Kommunikation**
(zum Beispiel Projekte für Marktkommunikation, Markenbildung oder allgemeine repräsentative Zwecke)
**Ausstellung**
(zum Beispiel Kunstpavillons)
**Weltverständnis**
(zum Beispiel Pavillons, die eine paradigmatische Sicht auf die Welt darstellen)
**Vergnügen/Feier**
(»Eventorientierung«)
**Aufführung**
(zum Beispiel Multimediashows)

Architectural pavilions are often illustrative of important topics in architecture. The buildings are typically small and they offer architects a clearly defined context for the experimentation and testing of theoretical ideas. Pavilions can be thought of as architectural prototypes and are frequently influential on the subsequent development of architectural theory and practice.

For these reasons, students in the post-graduate Master of Arts program in the Städelschule Architecture Class (SAC) have analyzed a small selection of pavilions. The selection draws on relatively recent projects built in the Western world. It is not representative of the history of pavilions over the last hundred years.

The selection gives a cross-section of important pavilions and the modernist or contemporary architectural concerns that they represent. The analyses tend to focus on how materials and structure contribute to make architectural effects possible. However, they also include other variables, such as culture, context, or program.

Seventeen projects are presented. In order to systematize the approach, the pavilions have been assigned to one or more of the following categories:

**Communication**
(for example, projects for market communication, branding, or general representational purposes)
**Exhibition**
(for instance, art pavilions)
**Weltverständnis**
("world-view," such as pavilions that represent a paradigmatic view on the world)
**Pleasure/Celebration**
("event-oriented")
**Performance**
(for instance, multimedia shows)

**SAC Studenten | Students**
Farzad Akhavan
Michele Albanelli
Dushyant Asher
Prasanna Chafekar
Alexandra Danciulescu
Siavash Jaraiedi
Deepak Jawahar
Rashmi Katkar
Ali Kashani
Maria Kochneva
Jochen Krimm
Lukas Ledderose
Kristina Madsen
Ata Mansuroglu
Tarak Mehta
Ashish Mohite
Ala Roushan
Mohammad Hikmat Subarkah

**Bearbeiter der Betrachtungen | Editors of the analyses**
Johan Bettum
Lars Nixdorff

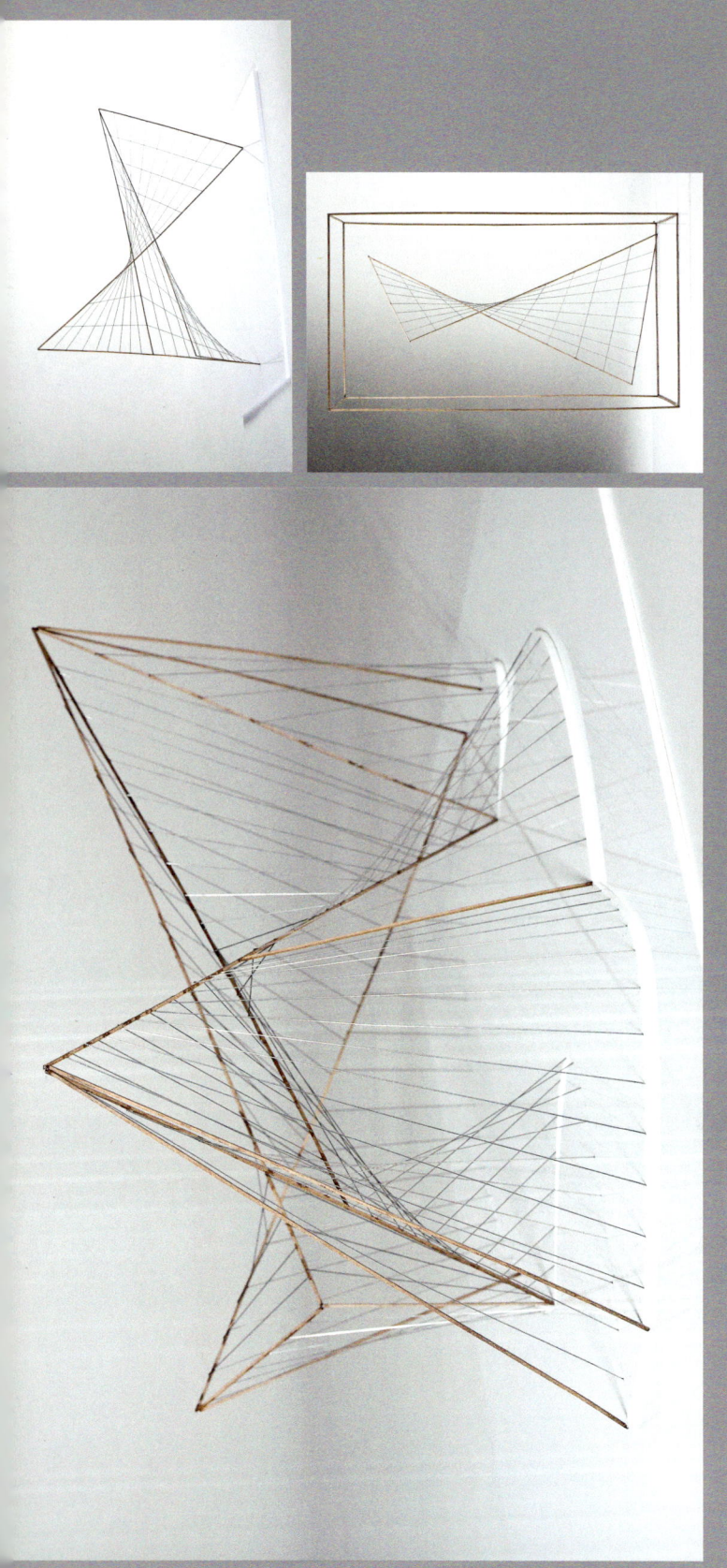

**Philips Pavilion**
World's Fair Brussels,
Belgium, 1958

**Philips-Pavillon**
Weltausstellung Brüssel,
Belgien, 1958

Der Pavillon der Firma Philips stellte ein Gesamtkunstwerk dar, das aus Architektur, Geräuschkulisse und einer Medienshow bestand. Die multimediale Umgebung zelebrierte die Technik der Zeit. Edgard Varèses *Poème électronique* wurde von mehr als vierhundert Lautsprechen in den Pavillon übertragen, und in der Diashow von Le Corbusier waren Bilder vom Nuklearkrieg bis zur Wiedergeburt der Städte zu sehen.

Das Gebäude wurde aus vorgespanntem Stahlbeton konstruiert und bestand aus neun hyperbolischen Paraboloiden, doppelt geführten Oberflächen, die aus geraden Linien entstanden. Drei Punkte, die von vier der hyperbolischen Paraboloidoberflächen erschaffen wurden, bestimmten die Bewegungen der Besucher durch den Grundris des Gebäudes, der die Form eines Magens bildete. Jede dieser Oberflächen hatte nur einen Punkt, der auf dem Boden ruhte und implizierte so die relative Unabhängigkeit des Grundrisses.

Der dreidimensionale Körper des Philips-Pavillons löste sich und beschrieb eine geometrische Entkopplung von der formalen Vorgabe des Grundrisses. Er wurde somit mehr als nur eine extrudierte Erweiterung seines Umrisses.

The Philips Pavilion presented a *Gesamtkunstwerk* consisting of architecture, a soundscape, and a visual media show. The multimedia environment celebrated the technology of the age. Edgard Varèse's Poème *Electronique* was played on more than 400 loudspeakers in the pavilion, and the slide show by Le Corbusier included images from nuclear war to urban rebirth.

The building was made from pre-stressed concrete, and consisted of nine hyperbolic paraboloids, which are doubly ruled surfaces generated from straight lines. Three points created by four of the hyperbolic paraboloid surfaces regulated visitors' movements through the stomach-shaped plan of the building. Each of these surfaces had only one point resting on the ground, suggesting that they were relatively free from the plan.

The three-dimensional corpus of the Philips Pavilion departed from the floor plan, describing a geometric decoupling from the formal parameters it contained. The pavilion became, therefore, more than just the extruded extension of its contour.

**Architekten | Architects**
Le Corbusier, Iannis Xenakis, Hoyte Duyster
**Betrachtung | Analysis**
Farzad Akhavan

**Auftraggeber | Client**
Philips
**Größe | Size**
42 x 28 x 21 m
**Material / Statisches System | Structural system**
Zugbelastete Konstruktion
| Tensile concrete structure
**Dauer der Aufstellung | Duration**
1958, April–Oktober
| 1958, April–October

**Kategorien | Categories**
Kommunikation, Ausstellung, Weltverständnis, Aufführung
| Communication, Exhibition, Weltverständnis, Performance

**Brazilian Pavilion**
World's Fair Osaka, Japan, 1970

**Brasilianischer Pavillon**
Weltausstellung Osaka, Japan, 1970

Die Landschaft war das Hauptgestaltungsmerkmal des brasilianischen Pavillons von Paulo Mendes da Rocha auf der Expo '70. Der Pavillon überdachte eine künstliche Landschaft, über der eine schützende Dachkonstruktion aus Beton schwebte.

Der riesige Baldachin bestand aus zwei Längsbalken und einem untergeordneten Betongitter mit verglasten Oberlichten. Drei Stützen und ein Bogen trugen das Dach. Die Stützen waren im künstlichen Boden versenkt; die sichtbaren Teile endeten in erdbebensicheren Gelenken und unterstrichen den schwebenden Eindruck des Daches.

Das weitere Raumprogramm des Pavillons, bestehend aus einem kleinen Theater und einer Ausstellungsfläche, war unter den künstlichen Hügeln begraben. In einem Anbau, außerhalb der Projektionsfläche des Daches, waren weitere Funktionen untergebracht.

Mit seinem massiven Dach, das leicht und wolkenartig schien, stellte der Pavillon einen Versuch in radikaler Architekturtektonik dar. Sowohl die Gesamtanordnung der Architektur als auch deren Details, wie zum Beispiel die Gelenke und die Oberlichter, trugen hierzu bei. Der Pavillon verband den modifizierten Boden mit dem sich ausdehnenden Himmel.

The landscape was the key-feature in the Brazilian Expo pavilion of 1970 by Paulo Mendes da Rocha. It featured an artificial landscape datum, above which a sheltering concrete roof structure floated.

The enormous canopy consisted of two longitudinally oriented beams and a secondary concrete grid with glazed skylights. Three columns and an arch supported the roof. The columns were sunk into the artificial ground; the visible parts ended in earthquake-proof pin-joints, highlighting the floating character of the roof.

The pavilion's additional room program, made up of a small theater and an exhibition space, was buried under the artificial mounds. An annex outside the roof perimeter housed supplementary functions.

With its massive roof being light and cloud-like, the pavilion was an essay in radical architectural tectonics. Both the overall architectural composition and details such as the pin-joints and skylights contributed to this. The pavilion connected the modified ground to the expansive sky.

**Auftraggeber | Client**
Expo '70
**Größe | Size**
80 x 50 x 7 m
**Material/Statisches System | Structural system**
Betonstützen- und Balkenkonstruktion
| Concrete column and beam structure
**Dauer der Aufstellung | Duration**
1970, April–Oktober
| 1970, April–October

**Kategorien | Categories**
Ausstellung, Weltverständnis
| Exhibition, Weltverständnis

**The Nordic Pavilion**
Venice Biennale,
Venice, Italy, 1962

**Nordischer Pavillon**
Biennale von Venedig,
Venedig, Italien, 1962

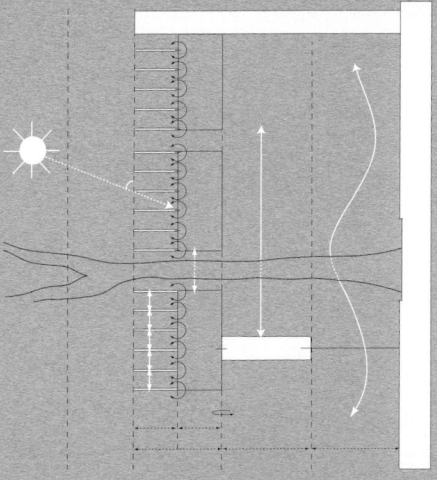

Der Nordische Pavillon in Venedig ist ein Raum aus Licht. Das Dach des Gebäudes schützt die Ausstellungsfläche vor direktem Sonnenlicht und deutet die Atmosphäre der »schattenlosen« Welt der nordischen Länder an.

Zwei verstärkte Betonstützwände rahmen den Raum, der sich auf den beiden anderen Seiten zur Umgebung öffnet und um eine einzelne Säule und einen Hauptbalken längs der Umfassung arrangiert ist. Ein Dach aus Betonlamellen ruht auf diesen Konstruktionsstützen. Es dient als konstruktives Element und als architektonischer Filter für die klimatische Situation. Mehrere Bäume, um die herum der Pavillon gebaut wurde, durchbrechen das Dach und bilden die charakteristischen Hauptelemente, die den Ausstellungsraum gliedern.

Der Aufbau ist in gleich hohe horizontale Proportionen geschichtet. Ein biaxiales Lamellengitter in dem die einzelnen Elemente einen Abstand von 52,3 Zentimetern haben, bildet einen zweischichtigen Sonnenschutz, der eine Höhe von zwei Metern hat. Die Elemente sind einen Meter hoch und haben sechs Zentimeter dicke Balken (Lamellen). Die verwendeten Materialien sind weißer Beton, weißer Sand und zerstoßender Marmor. Fiberglasscheiben sind zwischen die oberen Reihen der Lamellen eingelassen, um als Abflussrinne zu dienen.

The Nordic Pavilion in Venice is a space of light. The building's roof protects the exhibition space from direct sunlight and intimates the "shadowless" atmosphere of the Nordic countries.

Reinforced concrete retaining walls bracket the space on two sides; on the two other sides the space opens onto the surroundings around a single column and a main beam at the longitudinal perimeter. A concrete lamella roof rests on these structural supports. A group of trees, around which the pavilion was built, penetrate the roof and are the principle organizing elements in the exhibition space.

The construction is stratified in equal horizontal proportions. A bi-axial lamella grid with a 52.3 centimeters distance between the members (determined by the angle of sunlight) forms a two-layer brise soleil with a height of two meters. The elements are one meter high and the lamella six centimeters thick. The materials are white cement, white sand, and crushed marble. Sheets of fiberglass are stretched between the upper rows of lamellas to serve as gutters.

**Auftraggeber | Client**
Die nordischen Länder / Biennale von Venedig
| The Nordic Countries / Venice Biennale
**Größe | Size**
Ca. 23 x 30 m / 620 m²
**Material / Statisches System | Structural system**
Betonsäulen- und Balkenkonstruktion
| Concrete column and beam structure
**Dauer der Aufstellung | Duration**
1962 bis heute
| 1962 until today

**Kategorie | Category**
Ausstellung
| Exhibition

**Your Black Horizon**
Venice Biennale,
San Lozzaro Island, Italy, 2005

**Your Black Horizon**
Biennale von Venedig,
Insel San Lozzaro, Italien, 2005

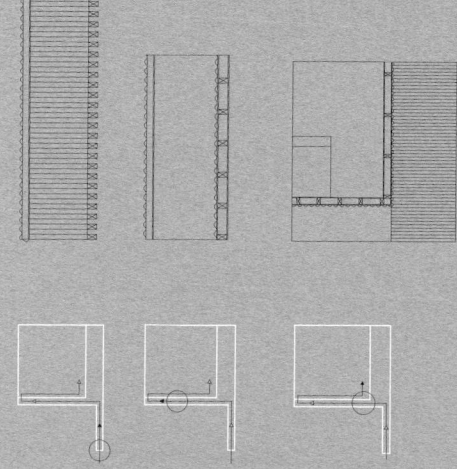

Der Pavillon Your Black Horizon ist sowohl eine Kunstinstallation als auch ein Ausstellungspavillon. Er entstand im Zusammenhang mit der Architekturbiennale von Venedig und befand sich in der Nähe der venezianischen Lagune. Die Besucher mussten von außen über eine Rampe in einen vollständig verdunkelten Innenraum gehen, in dem ein künstlicher Horizont auf die Wände aufgebracht war. Tagsüber durchlief künstliches Licht alle fünfzehn Minuten das gesamte Farbspektrum, das auf die Lichtverhältnisse des Aufstellungsortes abgestimmt war. Auf diese Weise verlagerte der Pavillon den venezianischen Horizont nach innen, während er langsam die räumliche Erfahrung durch die Passage nach innen veränderte.

Eine teilweise unsichtbare Holzstruktur war so auf den Wänden verteilt, dass sie einen Rhythmus vorgab. In der Loggia trugen ihre Dimensionen zum Filtern des Lichts von außen durch die teilweise offenen Zwischenräume bei. Der äußere Horizont war in vertikale Scheiben geschnitten. Andernorts reflektierte das Wellblech die rhythmische Transformation des Horizonts. Die geschichtete Holzgitterstruktur des Bodens und des Daches im Innenraum deuteten Tiefe, Distanzierung und – in Bezug auf den Boden – sowohl ein Schweben als auch eine Stabilisierung des konstruierten Raumes an.

Your Black Horizon doubles as an art installation as well as an exhibition pavilion. It was realized in connection with the Venice Biennale in 2005. Situated next to the Venice Laguna, the pavilion has the visitor passing from the outside on a ramp to a totally darkened interior with an artificial horizon mounted on the walls. The artificial light goes through the color spectrum of the light conditions on the site every fifteen minutes during the day. Thus, the pavilion interiorizes the Venetian horizon all the while gradually transforming this spatial experience through the passage to the inside.

A visible and non-visible wooden and rhythmical structure in the walls is employed to achieve this transformation. In the loggia, the dimensions and distribution of the structural elements contribute to filtering the light from the outside to the inside. The outside horizon is cut into vertical slices. Elsewhere, the corrugated sheets reflect the rhythmic transformation of the horizon. The layered, wooden lattice structure in the floor and roof of the interior room complete the architectural transition from outside to inside. The layered lattice implies depth, distancing, and floating relative to the ground while securing stabilization of the constructed space.

**Architekten | Architects**
Adjaye Associates
**Betrachtung | Analysis**
Prasanna Chafekar

**Auftraggeber | Client**
Thyssen-Bornemisza Art Contemporary
**Größe | Size**
24,4 x 18,2 x 6 m / 450 m²
**Material/Statisches System | Structural system**
Holzrahmen-Konstruktion; Holzteile, Grobspanplatten, Wellbleche, Sperrholz- und Holzplatten
| Wooden frame structure; wooden members, oriented strand board, corrugated sheet, ply and wood boards
**Dauer der Aufstellung | Duration**
2005–2007 (nach der Biennale auf der Insel Lopud, Kroatien)
| 2005–07 (after the Biennale at Lopud Island, Croatia)

**Kategorien | Categories**
Ausstellung, Weltverständnis
| Exhibition, Weltverständnis

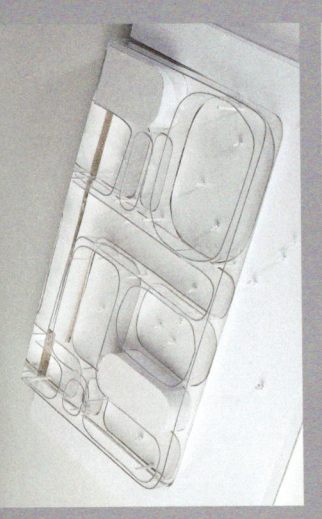

**Glass Pavilion**
Toledo Museum of Art, Toledo,
Ohio, USA, 2006

**Glaspavillon**
Toledo Museum of Art, Toledo,
Ohio, USA, 2006

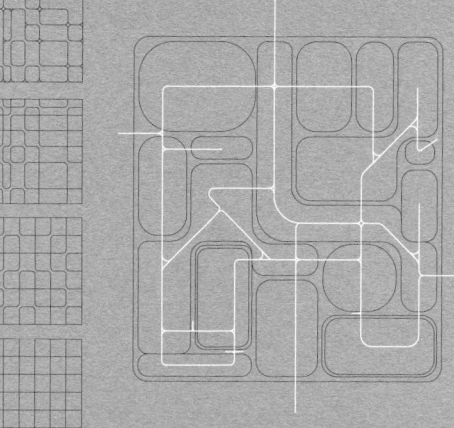

**Architekten | Architects**
Kazuyo Sejima + Ryue Nishizawa/SANAA
**Betrachtung | Analysis**
Alexandra Danciulescu & Ata Mansuroglu

Despite its 7,000 square meter floor area and museum function, Japanese firm SANAA's design for a freestanding extension to the Toledo Museum of Art is referred to as The Glass Pavilion. The pavilion houses a collection of glass artefacts on the ground level and an exhibit about glass-making underground.

The pavilion's ground level is wrapped in glass, organized on a deformed grid, and consists of eighteen cell-like rooms, also made mostly out of glass with fileted corners. This creates a series of complex and contradictory visual effects, such as a jumble of transparency and staggered reflections. As the position of each cell in relation to its context gives different numbers of glass layers on each side of the room, a visitor's experience fluctuates between fluidity, a sense of immateriality, a sensuous layering of visual effects and solidity. At times, there is a direct visual connection to the park outside; at other times, one sees oneself against a reflection of the space behind.

The Glass Pavilion's celebration of glass echoes the modernist preoccupation with the material. But it extends the engagement with glass to create a weightless space against the backdrop of the park landscape outside.

**Kategorien | Categories**
Kommunikation, Ausstellung
| Communication, Exhibition

**Auftraggeber | Client**
Toledo Museum of Art
**Größe | Size**
62 x 56,55 m / 7 000 m$^2$
**Material/Statisches System | Structural system**
Stahlträgersystem auf Stahlstützen und
massiven Stahlwänden
| Steel girder system on steel columns and solid walls
**Dauer der Aufstellung | Duration**
2006 bis heute
| 2006 until today

Trotz der Bodenfläche von siebentausend Quadratmetern und seiner Rolle als Museum wird der Entwurf für den frei stehenden Erweiterungsbau des Toledo Museum of Art von dem japanischen Büro SANAA als »Der Glaspavillon« bezeichnet. Der Pavillon beherbergt im Erdgeschoss eine Sammlung von Glasexponaten und im Untergeschoss eine Ausstellung über die Glasherstellung.

Das Erdgeschoss des Pavillons ist mit Glas in einem unregelmäßigen Raster umhüllt und besteht aus achtzehn zellenartigen Räumen, die größtenteils aus Glas mit abgerundeten Ecken gebaut sind. Dadurch ergibt sich eine Reihe von vielschichtigen und widersprüchlichen visuellen Effekten, wie etwa ein Durcheinander transparenter und verwobener Reflexionen. Da die Position jeder Zelle im Verhältnis zu ihrem Kontext unterschiedliche Schichten von Glas auf jeder einzelnen Seite des Raumes entstehen lässt, schwankt der Eindruck des Besuchers zwischen dem Fließen – einer Art von Immaterialität – und einer sinnlich erfahrbaren Schicht visueller Effekte. An einigen Stellen gibt es eine direkte visuelle Verbindung zum Park außerhalb des Museums; an anderen sieht man das eigene Spiegelbild und die Spiegelung des Raumes, in dem man steht.

Während »Der Glaspavillon« das Material Glas zelebriert und so die Vorliebe der Moderne für dieses Bauelement widerspiegelt, erweitert er die Auseinandersetzung mit dem Thema und schafft so einen schwerelosen Raum vor der Kulisse der umgebenden Parklandschaft.

**Rietveld Pavilion**
Sonsbeek, Arnhem, the Netherlands, 1954

**Rietveld-Pavillon**
Sonsbeek, Arnhem, Niederlande, 1954

**Architekten | Architects**
Gerrit Rietveld mit | with Van Dillen & Van Tricht
**Betrachtung | Analysis**
Siavash Jaraiedi

Der Rietveld-Pavillon wurde speziell für die Präsentation von Skulpturen entworfen. Er besteht aus einem zentralen Raum, der zwölf mal zwölf Meter misst, mit drei anschließenden, flurartigen offenen Galerien. Der Pavillon hat einen Grundriss und eine geometrische Einfachheit, die an De Stijl erinnern. Er war ursprünglich für Open-Air-Ausstellungen bestimmt und wurde 1965 im Park des Kröller-Müller Museums in Otterlo wieder aufgebaut, wo nun Skulpturen von Barbara Hepworth ausgestellt werden. Sein einfaches, offenes Erscheinungsbild und die Beziehung zur Landschaft verbinden die Ausstellung der Kunstwerke mit den Bewegungsmustern der Besucher.

Konstruktive Stahlelemente in Verbindung mit Glas und Betonsteinen verleihen dem Pavillon ein einfaches, durch das Material bestimmtes Aussehen. Die Festigkeit und Erscheinung der Betonsteine wird durch die Perforation derselben ausgeglichen.

The Rietveld Pavilion was specifically designed to house sculptures. It consists of a central space measuring 12 x 12 meters, with three adjacent corridor-like, open galleries. The pavilion has a plan layout and geometric simplicity reminiscent of De Stijl. Originally designed for an open-air exhibition, it was relocated to the grounds of the Kröller-Müller Museum in Otterlo in 1965 and contains sculptures by Barbara Hepworth. Its elementary, open character, and connection with the landscape integrates the exhibition of the art works with paths of the visitor.

Steel constructional elements together with glass and concrete bricks give the pavilion a simple material expression. The solidity of the concrete brick is counterbalanced by perforation of the blocks.

**Auftraggeber | Client**
Kröller-Müller Museum (mit dem Ministerium für Bildung, Künste und Wissenschaften, Hoge Veluwe National Park, Kröller-Müller-Stiftung)
| Kröller-Müller Museum (with Ministry of Education, Arts and Sciences (OK&W), Hoge Veluwe National Park, Kröller-Müller Foundation)
**Größe | Size**
32 x 27 x 5,6 m
**Material / Statisches System | Structural system**
Betonblocksteine, Glas, Metallbalken
| Concrete block brick, glass, metal beams
**Dauer der Aufstellung | Duration**
Ein Jahr (1965 in Otterlo für das Kröller-Müller Museum rekonstruiert)
| One year (rebuilt in 1965 in Otterlo for the Kröller-Müller Museum)

**Kategorie | Category**
Ausstellung
| Exhibition

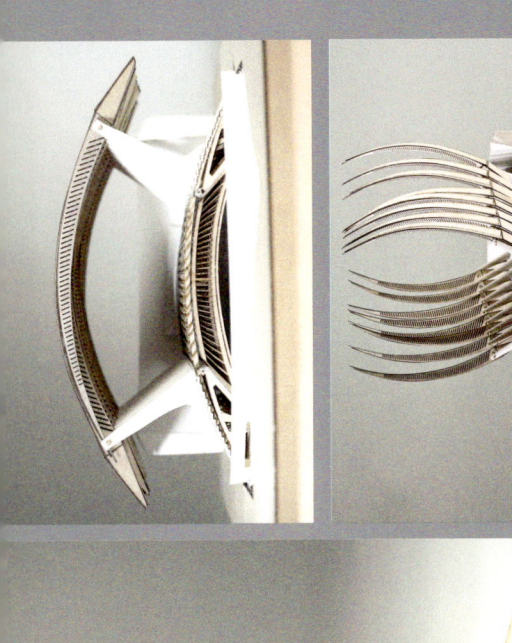
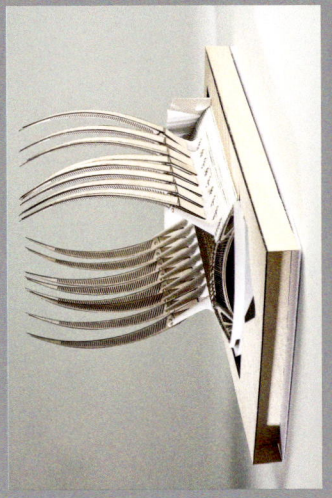

**Kuwaiti Pavilion**
World's Fair Seville,
Spain, 1992

**Kuwaitischer Pavillon**
Weltausstellung Sevilla,
Spanien, 1992

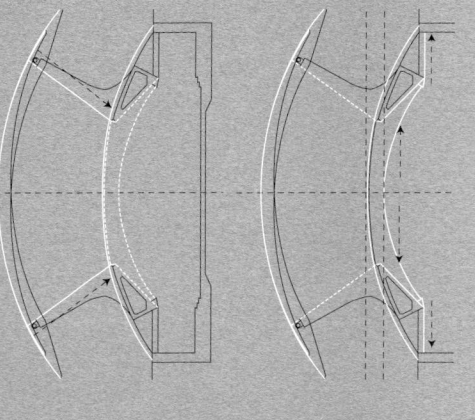

**Architekt | Architect**
Santiago Calatrava
**Betrachtung | Analysis**
Deepak Jawahar

Die Aufteilung des kuwaitischen Pavillons erfolgte in zwei Ebenen. Im Erdgeschoss befanden sich ein großes Foyer und eine fünf Meter hohe und vierhundert Quadratmeter große Halle mit Holzdach. Sie diente als Vorzimmer, das über eine Rampe den Zugang zu der oben liegenden Ausstellungsfläche ermöglichte. Im Querschnitt dreieckige, gebogene Balken mit einer Länge von vierzehn Metern bildeten ein konstruktives Holzgitter und trugen den oben angegliederten rechteckigen Platz. Die Oberfläche des Platzes, bestehend aus zusammengesetzten Glas-Marmor-Platten, wurde nachts von unten beleuchtet.

Eine veränderbare Dachstruktur bot dem Platz Schatten; sie öffnete sich nachts, um Außenprojektionen und -ausstellungen zu ermöglichen. Das Dach bestand aus siebzehn verwobenen, palmenartigen »Blättern« von jeweils fünfundzwanzig Metern Länge. Die »Blätter« waren Holzkonstruktionen, die von mit Klebstoff verstärkten Betonsäulen getragen wurden. Jedes »Blatt« konnte individuell bedient werden und so unzählige, sich gegen den Himmel absetzende Muster erzeugen. Nachts wurden die beweglichen »Rippen« von innen beleuchtet.

Mit ihren Verweisen auf natürliche Formen entstehen Santiago Calatravas charakteristische Entwürfe durch einen einzigartigen Umgang mit Struktur und Form. Seine Arbeitsweise komprimiert Ästhetik, Funktionalität und statische Leistung.

The Kuwait Pavilion was divided into two levels. On the ground level, there was a large vestibule and a five meters high, 400 square meter hall with a wooden roof. This was an antechamber that provided access, via a ramp, to the upper exhibition platform. Arched beams with a length of fourteen meters supported the upper, rectangular piazza. The beams were triangular in section and made as a timber lattice. The surface of the piazza was made from composite glass marble slabs and lit from below at night.

The piazza was shaded by a changeable roof structure; this opened during the night to permit outdoor-projections and exhibitions. The roof consisted of seventeen interlaced palm-like "leaves," each twenty-five meters in length. The leaves were constructed in timber and supported by glue-reinforced, concrete columns. Each "leaf" could be operated individually, and innumerable patterns could be created against the sky. At night, the ribs were lit from within.

With references to nature, Santiago Calatrava's distinctive designs are generated by an inquisitive and innovative approach to structure and form. The work brings aesthetics, functionality, and structural performance close to one another.

**Auftraggeber | Client**
Expo '92
**Größe | Size**
43,5 x 25,75 m
**Material/Statisches System | Structural system**
Stahlkonstruktion
| Steel construction
**Dauer der Aufstellung | Duration**
1992, April–Oktober
| 1992, April–October

**Kategorien | Categories**
Kommunikation, Ausstellung, Aufführung
| Communication, Exhibition, Performance

**German Pavilion (Barcelona Pavilion)**
World's Fair Barcelona, Spain, 1929

**Deutscher Pavillon (Barcelona-Pavillon)**
Weltausstellung Barcelona, Spanien, 1929

The Barcelona Pavilion of 1929 is one of the seminal buildings of modern architecture. It served as a gateway to the site of the Expo and housed the inaugural ceremony of King Alfonso XIII of Spain.

Built on a plinth covered by travertine, the building featured a number of highly sensuous and reflective materials including onyx marble for a dividing wall, deep red curtains, polished steel for the cruciform columns, and tinted glass. It also had two pools of water. The use of these materials contributed to produce complex visual effects and engendered forms of reflection along horizontal and vertical axes. These forms of reflection produced, in turn, ephemeral moments of symmetry within a building otherwise characterized by asymmetry in plan.

Der Barcelona-Pavillon von 1929 ist eines der wichtigsten Gebäude der modernen Architektur. Es diente als Eingangstor zum Gelände der Weltausstellung 1929. Hier fand die Eröffnungszeremonie mit König Alfonso XIII. von Spanien statt.

Der auf einen Sockel aus Travertin gebaute Pavillon weist eine Reihe höchst sinnlicher, spiegelnder Materialien auf, wie zum Beispiel eine Trennwand aus schwarzem Marmor, dunkelrote Vorhänge, polierter Stahl für die kreuzförmigen Stützen und gefärbtes Glas. Des Weiteren gab es bei dem Pavillon die gezielte Verwendung von Wasser in Form von zwei Wasserbecken. Die Gestaltung dieser Materialien trug dazu bei, vielschichtige visuelle Effekte und Formen der Spiegelungen an den horizontalen und vertikalen Achsen entlang hervorzurufen. Diese Formen der Spiegelung erzeugten wiederum flüchtige Momente der Symmetrie innerhalb eines Gebäudes, das ansonsten durch eine Asymmetrie des Grundrisses gekennzeichnet ist.

**Auftraggeber | Client**
Weimarer Republik
| Weimar Republic, Germany
**Größe | Size**
75 x 25 x 6 m
**Material/Statisches System | Structural system**
Stahl, Backstein und Beton
| Steel, brick, and concrete
**Dauer der Aufstellung | Duration**
Ein Jahr (vor Ort 1983–1986 rekonstruiert)
| One year (rebuilt on site in 1983–86)

**Kategorien | Categories**
Kommunikation, Ausstellung, Weltverständnis, Aufführung
| Communication, Exhibition, Weltverständnis, Performance

**Serpentine Pavilion**
Kensington Gardens, London,
United Kingdom, 2002

**Serpentine-Pavillon**
Kensington Gardens, London,
Großbritannien, 2002

**Architekten | Architects**
Toyo Ito & Associates, Cecil Balmond

**Betrachtung | Analysis**
Ali Kashani

Mit dem Entwurf des Serpentine-Pavillons von 2002 warf Toyo Ito zwei Fragen auf: Wie lässt man eine Bodenplatte schweben und wie baut man eine »Box« ohne Stützen? Die Planung wurde entwickelt, indem man die Grenzen der »Box« als zweidimensionales Feld definierte und dieses durch einen Rotationsalgorithmus transformierte, um ein Netzwerk sich kreuzender Linien zu beschreiben. Dieses nahm die Geometrie der Struktur vorweg. Das entstehende Gitter wurde nach innen gefaltet, um die »Box« zu definieren.

Die Konstruktion, bestehend aus verschweißten Stahlflachstäben, wurde an den Ecken des Baukörpers verschraubt und teilweise mit drei Millimeter starken Aluminiumplatten und Glas verkleidet. Im Anschluss wurde die gesamt Konstruktion weiß gestrichen, wobei zwanzig Prozent der Öffnungen im Gitter offen gelassen wurden. Das resultierende konstruktive Netz beugte mit seinem dichten und unregelmäßigen Muster dem strukturellen Risiko des Brechens der Flachstäbe vor. Anders als bei einer klassischen »Box-Konstruktion« wurden der Rand und die Ecksituationen örtlich verändert, sodass sie als immateriell erschienen und sich teilweise völlig auflösten.

For the design of the Serpentine Pavilion 2002, Toyo Ito posed two questions: how to float a slab and how to make a box with no columns? The design proceeded by processing the envelope of the box as a two dimensional field and articualting this with an algorithm to describe a network of criss-crossing lines. These anticipated the geometry of the structure. The resulting mesh was folded inward to define the box.

The building was constructed from flat steel bars welded together and bolted at the edges of the box. These were partly clad with 3 mm aluminum panels and glass, leaving twenty percent of the boundary mesh open. The structure was painted white and formed a net that in some places could be occupied. The density of the irregular pattern overcame the potential buckling of the flat bars. Unlike a classical box, the edge and corner conditions of the box were locally transformed and even obliterated, meeting with the initial questions posed by Ito.

**Auftraggeber | Client**
Serpentine Gallery
**Größe | Size**
17,6 x 17,6 x 5,35 m / 309,76 m²
**Material/ Statisches System | Structural system**
Stahlgitterwerk aus Flachstäben
| Network of column and beam; steel grillage of flat bars
**Dauer der Aufstellung | Duration**
2002, drei Monate
| 2002, three months

**Kategorien | Categories**
Ausstellung, Aufführung
| Exhibition, Performance

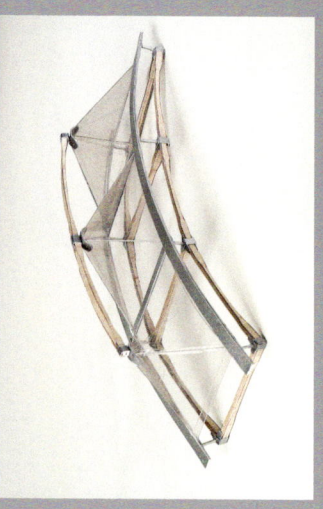

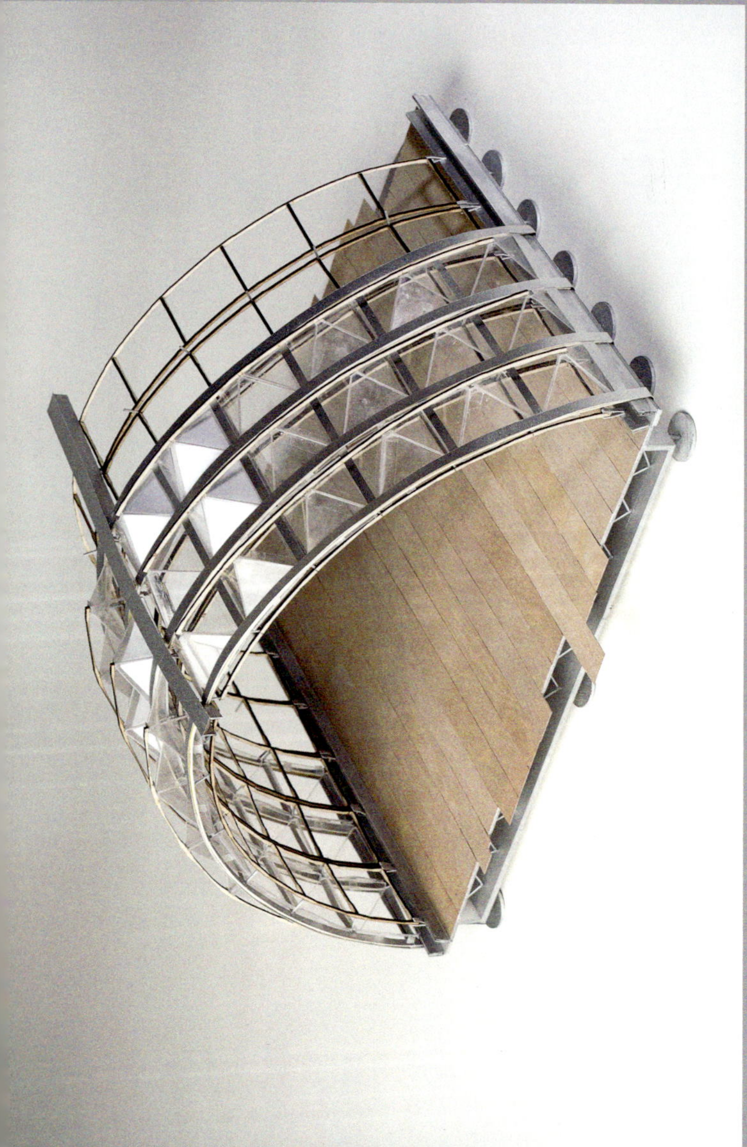

**IBM Travelling Pavilion**
Erected in twenty European cities,
1984–86

**IBM Travelling Pavilion**
Aufgestellt in zwanzig europäischen Städten,
1984–1986

**Architekten | Architects**
Renzo Piano Building Workshop und | and Arup
**Betrachtung | Analysis**
Maria Kochneva

Der IBM Travelling Pavilion wurde für eine Wanderausstellung über die Zukunft der Informationsverarbeitung entworfen, die zwei Jahre durch Europa tourte. Er ist ein Beispiel für eine moderne mobile Konstruktion. Der Pavillon ruhte auf einer erhöhten Plattform, in der die technischen Anlagen untergebracht waren; über einem aus Modulen bestehenden System von Halbbogen bildete sich ein Tunnel. Die Halbbogen bestanden aus zwei Schichten kurzer beschichteter Druckstreben aus Holz und spannten gegossene Aluminiumgelenke. Zwischen ihnen dienten pyramidenförmige Polycarbonatschalen als Querversteifung und trugen zur Verstärkung bei. Zusammen formten zweiunddreißig identische Dreigelenkbogen einen Raum, in dem die Technik als »natürlich« präsentiert wurde.

Die feinen und sorgfältig geplanten Details prägten eine zusammengesetzte Konstruktion, bei der die gesamte statische Leistung darauf beruhte, dass unterschiedliche Teile zusammenwirkten. Vor allem fungierten die Polycarbonatschalen durch ihre Geometrie und ihre Materialeigenschaften als Oberflächenklammern innerhalb des Raumtragwerks. Die Hülle des Gebäudes war sehr transparent und verband so das Innere mit der Landschaft der unterschiedlichen Aufstellungsorte. Sie ließ Luft und Licht in das Innere, wo neben der Ausstellung auch Aufführungen stattfanden.

The IBM Travelling Pavilion was designed for an exhibition on the future of information processing which toured Europe for two years. It is an example of a modern mobile structure. It rested on a raised platform that contained technical installations and formed a tunnel made from a modular system of half-arches. The arch construction was made from two layers of short laminated wooden struts that spanned between cast aluminium joints. Polycarbonate pyramidal shells served as cross-bracing and provided additional stiffness between the arch elements. In all, thirty-two identical three-hinged arches produced a space within which the technology was presented as "natural."

The sophisticated detailing defined a composite construction for which the total structural performance relied on the different parts working simultaneously. Notably, the pyramidal polycarbonate shells acted like surface-hinges within the space frame structure. The building envelope was highly translucent and connected the inside to the nature of the different locations. It filtered air and light to the inside where, in addition to the exhibition, performances took place.

**Auftraggeber | Client**
IBM Europe
**Größe | Size**
48 x 12 x 6 m
**Material/Statisches System | Structural system**
Lamellen-Bogen-System
| Lamella arch system
**Dauer der Aufstellung | Duration**
1984–1986

**Kategorien | Categories**
Kommunikation, Ausstellung, Weltverständnis
| Communication, Exhibition, Weltverständnis

**Pavillon de l'Esprit Nouveau**
*Exposition Internationale des Arts
Décoratifs et Industriels Modernes,*
Paris, Frankreich, 1925

**Pavillon de l'Esprit Nouveau**
*Exposition Internationale des Arts
Décoratifs et Industriels Modernes,*
Paris, France, 1925

Der Pavillon de l'esprit nouveau ist einer der wichtigsten Pavillons in der Geschichte der modernen Architektur. Er diente als konzeptuelle Vorlage für Le Corbusiers Theorie über Architektur und Urbanismus und stellte gleichzeitig ein eigenständiges Organisationsmodell für den Entwurf der Immeuble-Villas dar.

Der Baukörper bestand aus zwei Teilen, in einem wurden Architekturmodelle und im anderen Modelle zum Urbanismus präsentiert. Der »quadratische« Teil zeigte die modernen Wohneinheiten und der »rund geformte« Teil zeigte den städtebaulichen Entwurf »Plan Voisin«. Beide Teile waren um einen »hängenden« Garten herum angeordnet, dem Konzept für einen privaten Raum als das Zentrum des Pavillons.

The Pavillon de l'Esprit Nouveau is one of the seminal pavilions in the history of modern architecture. It served as a 1:1 model for Le Corbusier's emerging theories on architecture and urbanism, reflected in the spatial organization of the building. The pavilion was a model of the Immeuble Villas.

The pavilion was divided into two parts, presenting models for architecture and urbanism respectively. The "square" part demonstrated the new living unit and the "rounded shaped part" exhibited the urban plan, "Plan Voisin." These parts were organized around the "hanging" garden, a concept of a private space and the center of the pavilion.

**Architekten | Architects**
Le Corbusier und | and Pierre Jeanneret
**Betrachtung | Analysis**
Jochen Krimm

**Auftraggeber | Client**
*Exposition Internationale des Arts Décoratifs et Industriels Modernes*
**Größe | Size**
24 x 18 x 7.5 m
**Material/Statisches System | Structural system**
Beton und Stahl
| Concrete and steel
**Dauer der Aufstellung | Duration**
1925, drei Monate (1977 in Bologna rekonstruiert)
| 1925, three months (rebuilt in 1977 in Bologna)

**Kategorien | Categories**
Kommunikation, Ausstellung, Weltverständnis
| Communication, Exhibition, Weltverständnis

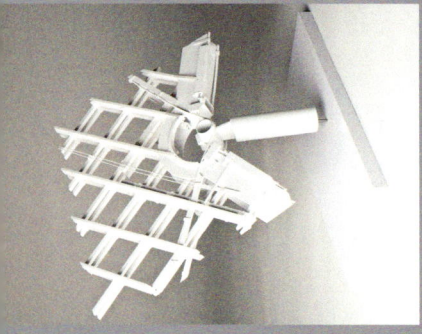

**Multihalle**
Bundesgartenschau Mannheim,
Germany, 1975

**Multihalle**
Bundesgartenschau Mannheim,
Deutschland, 1975

Die Multihalle war mit sechzig mal fünfundachtzig Metern freispannender Gitterschale eine der fortschrittlichsten Konstruktionen ihrer Art. Sie besteht aus Holzlatten (Hemlocktanne), die kreuzweise in zwei beziehungsweise vier Latten im Abstand von jeweils fünfzig Zentimetern übereinander verlegt sind. Der Lattenquerschnitt beträgt fünf mal fünf Zentimeter. Das ursprüngliche Bedachungsmaterial war Trevira-Gewebe, geschwärzt und PVC-beschichtet. Die Bahnen überlappten an den Stößen, waren geschweißt und mit Bukama-Klammern auf die Nagellatten aufgebracht. Das architektonische Gesamterscheinungsbild gehört dem Typ des »Schuppens« an.

Die Gitterschale, als Konzeption einer unendlichen Erweiterung des Konstruktionsgitters, ist in allgemeiner Betrachtung relativ bekannt, wird aber im Besonderen interessant, wenn man an die beschränkenden Kantenbedingungen denkt.

Wie enden die Logik der Gitterschale und die inhärenten Kräfte, die auf den Boden übertragen werden? Bei der Multihalle ist dies unterschiedlich vermittelt, durch Betonstreifen auf dem Boden, doppelschichtige Holzbalken, die an den Kanten der Schale montiert sind, doppelschichtige Holzbogen, welche die gleichen Oberflächen versorgen und an manchen Stellen durch Seile, welche die Schale festhalten.

The Multihalle, with its 60 x 85 meters free spanning grid shell, is one of foremost structures of its kind. It is made of wooden lath (hemlock pine) laid crosswise above one another. The lath cross section is 5 x 5 centimeters. The original roofing material was Trevira fabric, blackened, and PVC coated. The sheets were overlapped and welded and attached to the nail lath with Bukama staples. The overall architectural form belongs to the shed typology.

The grid shell, conceptually presenting an infinite extension of the structural grid, is relatively well known but becomes particularly interesting when considering the delimiting edge conditions. How is the logic of the grid shell terminated, and the forces within, transmitted to the ground? In the Multihalle, this is variably negotiated by concrete strips on the ground, double-layer wooden beams mounted on the edge of the shell, double-layer wooden arches serving the same surfaces; and in some areas, ropes tying down the shell.

**Architekten | Architects**
Carlfried Mutschler und | and Partner,
Joachim und | and Winfried Langner, Frei Otto
**Betrachtung | Analysis**
Lukas Ledderose

**Auftraggeber | Client**
Bundesgartenschau Mannheim GmbH
**Größe | Size**
160 x 115 m / 7 400 m$^2$
**Material/Statisches System | Structural system**
Gitterschale aus Holzlatten
| Wooden lath grid shell
**Dauer der Aufstellung | Duration**
1975 bis heute
| 1975 until today

**Kategorien | Categories**
Kommunikation, Ausstellung
| Communication, Exhibition

**H₂O Expo (The Fresh Water Pavilion)**
Neeltje Jans, the Netherlands, 1997

**H₂O Expo (The Fresh Water Pavilion)**
Neeltje Jans, Niederlande, 1997

Der Fresh Water Pavillon (Süßwasserpavillon) in einem Themenpark über Wasser ist eines von zwei Gebäuden, welche die Besucher einladen, spielerisch die Eigenschaften von Wasser zu entdecken. Durch die lineare Anordnung und den Einsatz von Krümmungen versucht der Pavillon auf die Liquidität von Wasser zu verweisen. Das Aufnehmen von Bewegung in der Geometrie spiegelt ein weiterreichendes Interesse an einer Architektursprache wider, die in der Lage ist, natürliche Prozesse zu implementieren.

Der Pavillon umfasst lineare Bewegungen mit unzähligen Schichten von Information, die vollständig in die Hülle des Gebäudes integriert sind. Sein Aufbau besteht aus der Abhängigkeit zwischen vierzehn Teilen, welche die räumliche Beziehung zwischen Körper und Entwurf bestimmen. Daraus entsteht eine nahtlose Integration von Boden, Wand und Decke in eine glatte Innenhaut.

Der Pavillon beinhaltet eine spürbare Beziehung des Baukörpers zur Technik. Ein interaktiver Strom von Licht und Ton läuft rhythmisch eine zentrale »Wirbelsäule« entlang und reagiert auf die Anzahl und die Geschwindigkeit der Besucher. Interaktive »Spiele« werden durch Berührung aktiviert. Kaum spürbare Veränderungen der Krümmungsrichtung des Bodens zwingen die Besucher, sich immer wieder neu zu orientieren; es gibt keine Öffnungen, keine sichtbare Verbindung zum Horizont. Die Orientierung des Besuchers hängt von seiner Fähigkeit ab, die Bewegungen seines Körpers mit denen des Pavillons in Beziehung zu setzen.

Placed in a water theme park, The Fresh Water Pavilion is one of two buildings inviting visitors to learn and playfully discover aspects about "water." The pavilion attempts to integrate water's fluidity through its linear organization and use of curvature. The absorption of movement in the geometry reflects a broader interest in architecture's capability of absorbing life.

The pavilion contains linear movement, with multiple layers of information embodied into the building envelope. Its design depends on the relationship between fourteen sections, defining the spatial relationship between body and program. This results in a seamless integration of floor, wall, and ceiling in a smooth interior skin.

The pavilion incorporates a tactile relationship of the body to technology. An interactive light and sound stream runs rhythmically along a central "spine," reacting to the number and speed of visitors. Interactive "games" are activated by touch. A subtle change of direction in the curvature of the floor impels visitors to constantly reorient themselves. There are no openings to reveal the exterior horizon. Hence, the reorientation of the visitor depends on his or her ability to relate the movement of the body to the movement in the pavilion.

**Architekten | Architects**
NOX
**Betrachtung | Analysis**
Kristina Madsen

**Auftraggeber | Client**
Niederländisches Ministerium für Verkehr, Landesentwicklung und Wasser
| The Dutch Ministry of Transport, Public Works, and Water Management
**Größe | Size**
65 m lang | long / 1050 m²
**Material/Statisches System | Structural system**
Membranbespannte Stahlrahmenkonstruktion
| Steel frame structure with membrane skin
**Dauer der Aufstellung | Duration**
1997 bis heute
| 1997 until today

**Kategorien | Categories**
Kommunikation, Ausstellung
| Communication, Exhibition

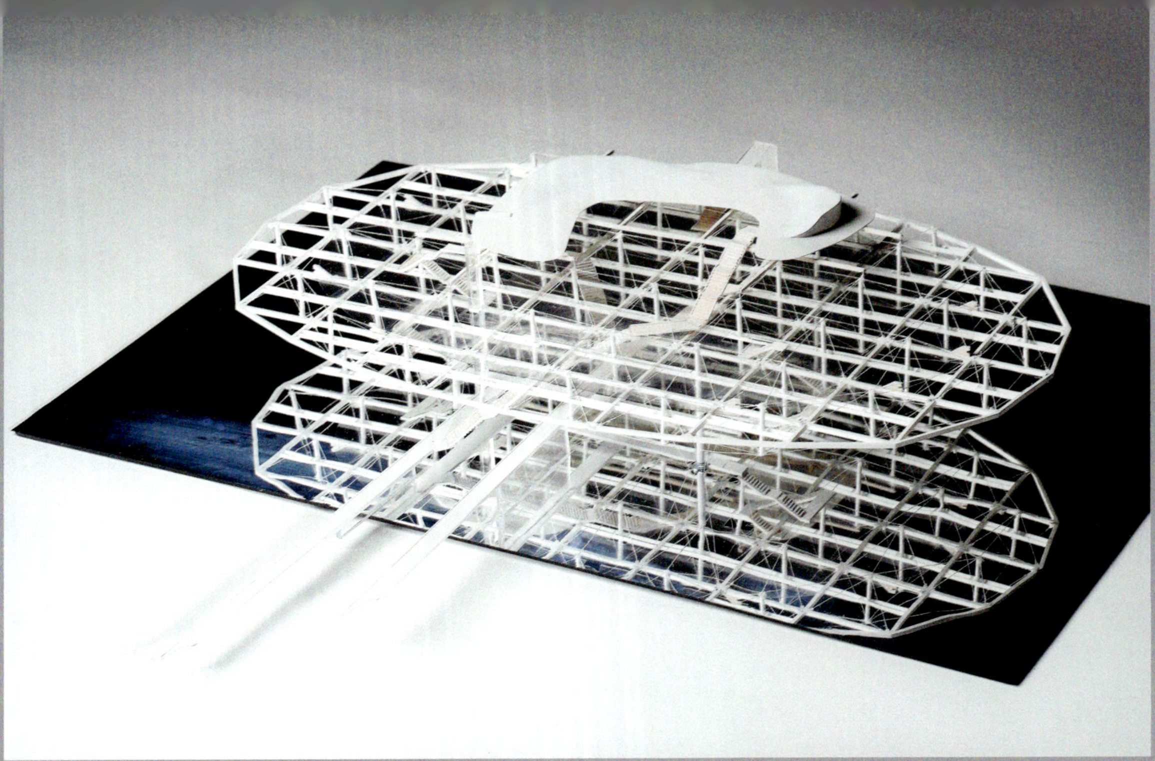

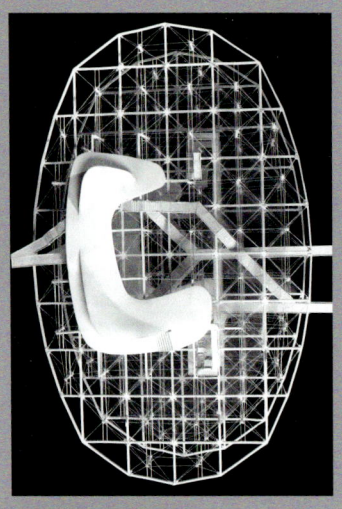

**Blur Building**
Schweizer Landesausstellung Expo.02,
Neuenburger See, Yverdon-les-Bains,
Schweiz, 2002

**Blur Building**
Swiss National Fair Expo.02,
Lake Neuchâtel, Yverdon-les-Bains,
Switzerland, 2002

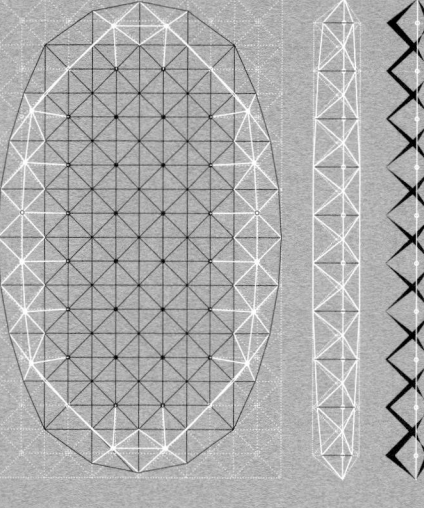

Die Architektur des Blur Buildings von Diller + Scofidio war ein performativer Raum, der sich auf die atmosphärischen Bedingungen und das Wetter auf dem Neuenburger See verließ, um eine bewohnbare Wolke zu erzeugen. Landungsbrücken führten vom Ufer auf eine Plattform, die in einer sich nahezu selbst stabilisierenden Metallkonstruktion aufgehängt war. Die Struktur, die in ihrem Aufbau einem Raumtragwerk ähnelte, wurde von vier, auf dem Grund des Sees befestigten Stützen getragen.

Das Seewasser wurde unter Hochdruck in einen Nebel verwandelt, der die Plattform umgab. Mithilfe von Computertechnologie regulierten die klimatischen Bedingungen den Wasserdruck an unterschiedlichen Stellen. Der daraus entstehende Raum hatte eine sich verändernde Dichte, volumetrische Ausmaße und Umrisse. Er stellte eine visuelle Erfahrung dar, die auf Nebelschwaden beruhte, um ein »Whiteout« entstehen zu lassen. Dies stand in deutlichem Kontrast zur Weite der natürlichen Landschaft, die man von einem zweiten Deck aus sehen konnte, das oberhalb des Tragwerks aus Metall angebracht war.

Das Blur Building hatte einen theatralischen Charakter und bot sich kontinuierlich verändernde flüchtige räumliche Situationen, die durch die Verwendung und das Recyceln des Seewassers entstanden.

The architecture of the Blur Pavilion by Diller + Scofidio was a performative space that relied on the atmosphere and weather conditions on Lake Neuchâtel to produce an inhabitable cloud. Gangways lead from land onto a platform suspended within a quasi-tensegrity, metal structure. The spaceframe-like construction was supported on four columns fastened to the bottom of the lake.

Water from the lake was transformed under high-pressure to a mist that enveloped the platform. With the aid of computer technology, the climatic conditions regulated the water pressure at different locations. The resulting space had varying density, volumetric extents, and outline. It presented a visual experience that relied on drifting mist to produce an optical "white-out"—in stark contrast to the expanse of the natural landscape visible from a secondary deck mounted on top of the metal "spaceframe."

The Blur Pavilion was theatrical in character, offering an ever-changing, ephemeral space, produced by the processing and recycling of water from the lake.

**Architekten | Architects**
Diller + Scofidio, Emch + Berger, Passera + Pedretti
**Betrachtung | Analysis**
Tarak Mehta

**Auftraggeber | Client**
Expo.02
**Größe | Size**
100 × 60 × 20 m
**Material/Statisches System | Structural system**
Selbststabilisierende Stahlkonstruktion
| Tensegrity steel structure
**Dauer der Aufstellung | Duration**
Mai–Oktober 2002
| May–October 2002

**Kategorien | Categories**
Ausstellung, Aufführung
| Exhibition, Performance

**Glass Video Gallery**
Groningen, the Netherlands, 1990

**Glass Video Gallery**
Groningen, Niederlande, 1990

Projektbetrachtung

**Architekten | Architects**
Bernard Tschumi Architects
**Betrachtung | Analysis**
Ashish Mohite

According to the architects, the Glass Video Gallery in Groningen is the first true glass house. It's envelope is made entirely from panes of glass held by clips; it is structurally stabilized by a series of transverse, arch-like glass panels. The pavilion is rotated both on its longitudinal and transverse axes to produce a double-tilted gangway. It leads the visitor past six banks with video monitors oriented both to the inside and outside, which show music videos.

The pavilion produces a complex space reflecting the media culture as it emerged in the nineteen-eighties. Views through the glass, reflections, and mirages question the architectural façade as a datum in relation to contemporary media as well as to the physical context. It integrates the city landscape in the park by destabilizing the inside-outside relationship. The screens and use of glass extend the pavilion in space and time. The subtle effects of this liquefy and solidify the building at one and the same time.

Der Aussage des Architekten zufolge ist die Glass Video Gallery in Groningen das erste echte Glashaus. Es besteht ausschließlich aus Glasscheiben, die von Klammern zusammengehalten werden. Das statische System ist ähnlich und besteht aus einer Reihe von schrägstehenden Glasscheiben. Der Pavillon ist sowohl auf seiner Längs- als auch auf seiner Querachse gedreht, sodass eine doppelt geneigte Bodenfläche entsteht. Sie führt den Besucher an sechs Bänken mit Monitoren vorbei, die sowohl nach innen als auch nach außen gerichtet sind und Musikvideos zeigen.

Der Pavillon stellt einen vermittelten Raum dar. Die Blicke durch das Glas, die Spiegelungen und die Trugbilder, stellen die Architekturfassade als etwas Gegebenes infrage. Dies gilt sowohl in Bezug auf zeitgenössische Medien als auch auf den räumlichen Kontext. Die Architektur des Glaspavillons bezieht die Landschaft der Stadt und den Park mit ein und destabilisiert so die Beziehung zwischen innen und außen. Die Bildschirme und der Einsatz von Glas erweitern den Pavillon in Raum und Zeit. Durch die subtilen Effekte, die dadurch entstehen, wird das Gebäude zugleich verflüssigt und gefestigt.

**Auftraggeber | Client**
Stadt Groningen
| The City of Groningen
**Größe | Size**
3,6 x 21,6 x 2,6 m
**Material/Statisches System | structural system**
Geneigte, durchsichtige Glasgalerie
| Glass panel construction
**Dauer der Aufstellung | Duration**
1990 bis heute
| 1990 until today

**Kategorie | Category**
Ausstellung
| Exhibition

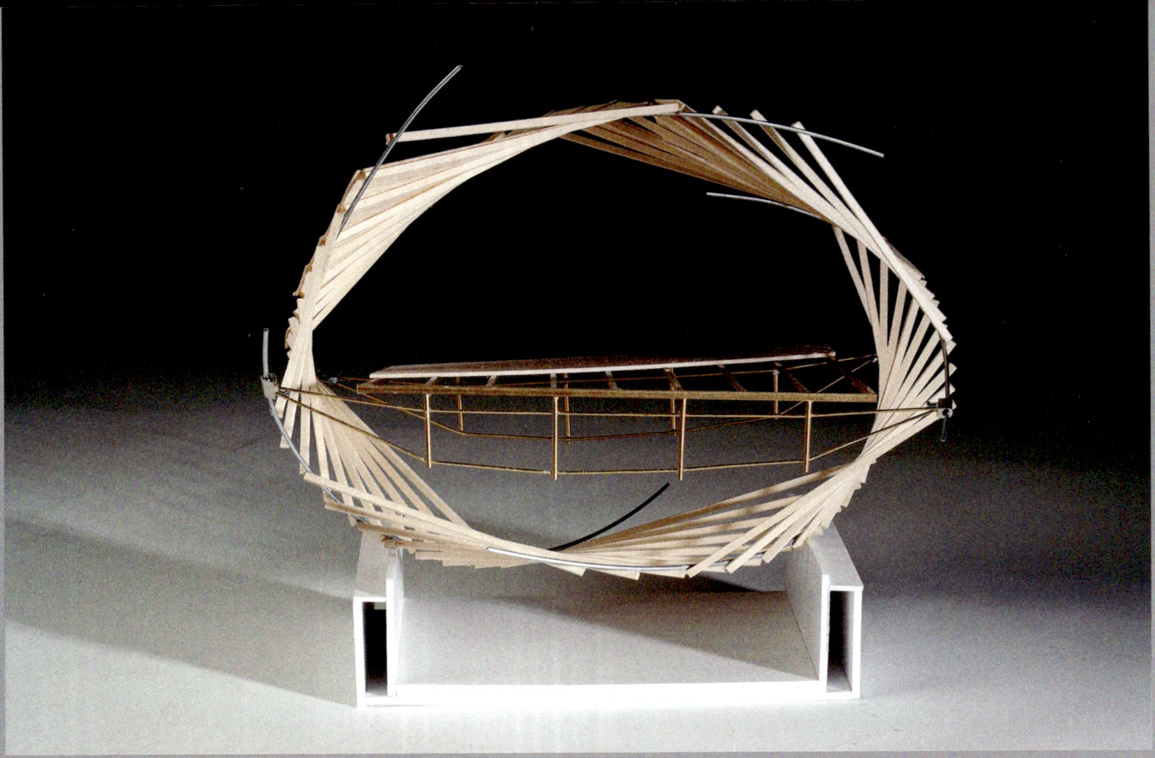

**Information Center Pavilion**
Torrevieja Relaxation Park, Torrevieja,
Spain, 2004

**Pavillon des Informationszentrums**
Torrevieja Erholungspark, Torrevieja,
Spanien, 2004

**Architekten | Architects**
Toyo Ito & Associates
**Betrachtung | Analysis**
Ala Roushan

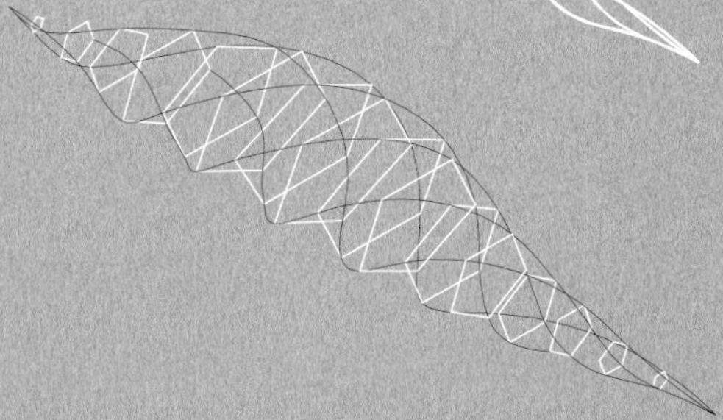

Toyo Itos Torrevieja-Pavillon zeigt wie sich zeitgenössische Architekten mit vielschichtiger Geometrie, in diesem Fall multipler Spiralgeometrie, auseinandersetzen. Die muschelartige Form des Gebäudes schwebt in der Landschaft. Die Spiralen sind in einem rhythmischen Arrangement von sechzehn Fünfecken angeordnet. Das Gebäude besteht aus fünf mit Holz verkleideten Metallspiralen, die von einem Betonfundament eingebettet sind. Der Effekt des Schwebens ist auch nach innen verlegt, wo Bodenplatten ein Metalltragwerk bedecken, das vom Inneren der Spirale abgehängt ist. Das Ergebnis ist ein Wirbeln, ein stützenfreier Raum, der Leichtigkeit und Dynamik vereint.

Der Pavillon steht in einem Park mit sanft gewellten Sanddünen. Der Entwurf möchte diese Elemente auf eine Art einbinden, die eine Alternative zu den üblichen Öffnungen von Gebäuden bilden. Die Hüllform umfasst einen Raum, berührt leicht den Boden und evoziert das Bild einer im weichen Sand gefundenen Muschel.

Toyo Ito's Torrevieja Pavilion demonstrates how contemporary architects engage with complex geometry, in this case, a multiple spiral geometry. The building's shell-like form floats in the landscape. The spirals are organized on the basis of a rhythmic arrangement of sixteen pentagons. The building is composed of five metal spirals clad with wood and set in a concrete cradle foundation. The effect of floating is also internalized, where a floor-plate covers a metal deck truss suspended from the inside of the spiral form. The result is a swirling, column-less space, implying lightness, dynamism, and directionality.

The pavilion is set in a park with rolling sand dunes. The design aims to connect these elements in a manner alternative to the conventional opening up of buildings in order to connect to the context. It produces an enclosed space, lightly touches the ground, and invokes the image of a shell found in the soft sand.

**Kategorie | Category**
Vergnügen / Feier
| Pleasure / Celebration

**Auftraggeber | Client**
Stadt Torrevieja
| The City of Torrevieja
**Größe | Size**
345 m²
**Material / Statisches System | Structural system**
Holz- und Metall-Spiralsystem
| Wood and metal spiral system
**Dauer der Aufstellung | Duration**
Projekt wurde nicht fertiggestellt
| The project was not completed

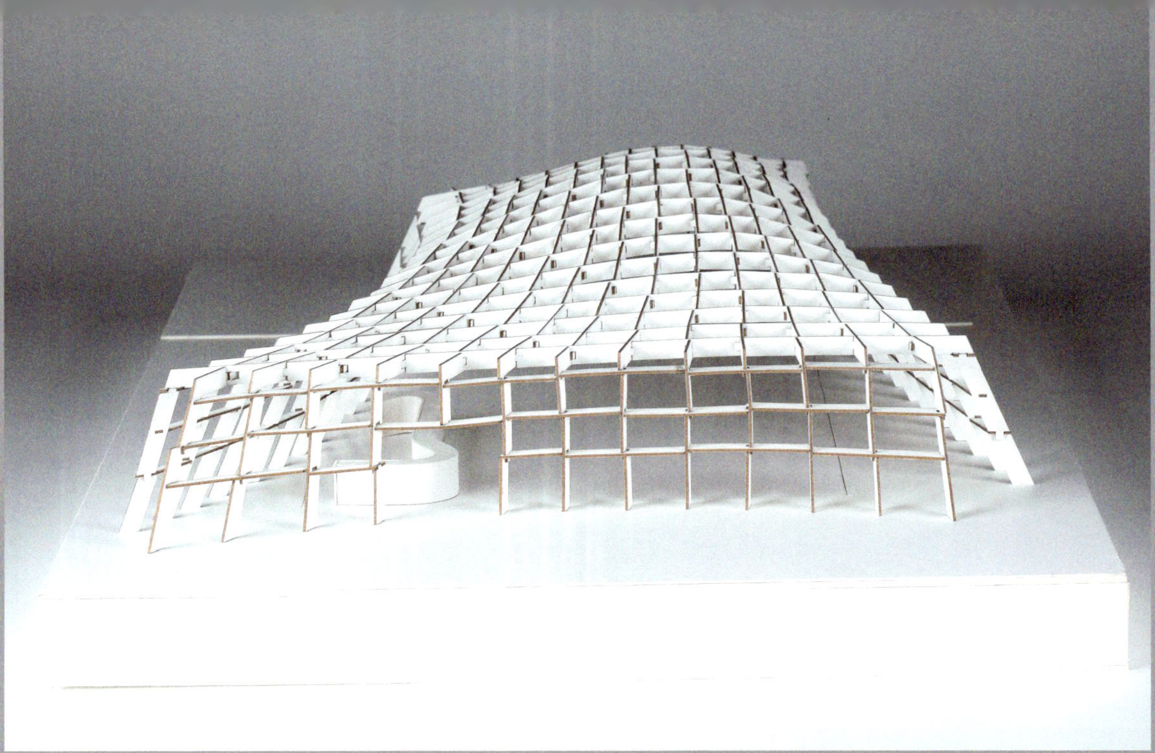

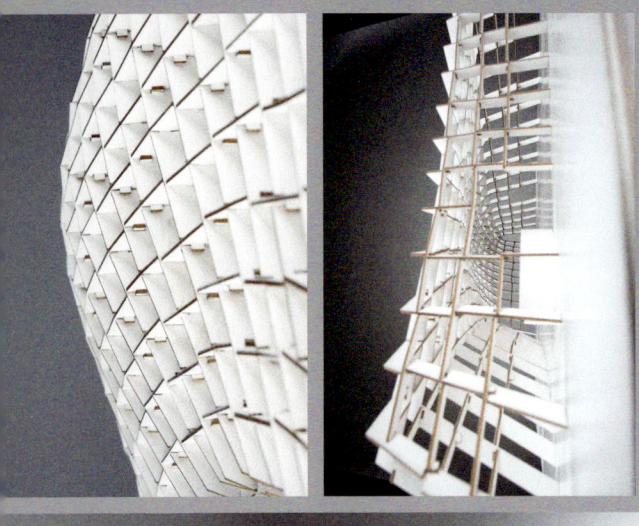

**Serpentine Pavilion**
Kensington Gardens, London,
United Kingdom, 2005

**Serpentine-Pavillon**
Kensington Gardens, London,
Großbritannien, 2005

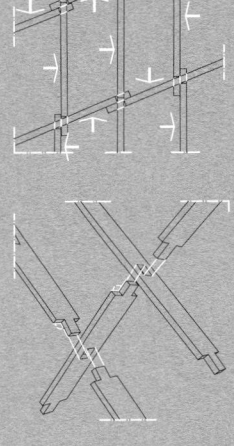

Der Serpentine-Pavillon ist Bestandteil einer jährlichen wiederkehrenden Reihe von temporären Konstruktionen, zu denen international anerkannte Architekten und Designer eingeladen werden.

Der Entwurf sollte das Gebäude und seine Umgebung mittels eines Baumes verbinden, der so hoch war wie die bestehende Galerie und mit einer leichten Neigung des Bodens in Richtung der Straße. Der Pavillon basierte auf der Verformung eines Flächenrasters auf der Basis kontextueller Überlegungen.

Er wurde aus 427 Holzbalken mit den Maßen 69 x 550 x 1000–1500 Millimeter errichtet. Die Elemente wurden in einer abwechselnden, geschichteten Art verbunden, um ein Raster mit einer maximalen lichten Spannweite von siebzehn Metern zu bilden. Nahe seinem Umriss gefaltet, bildete es sowohl das Dach als auch die Wände mit einer Höhe von drei und fünf Metern.

Der Baukörper wurde unter Verwendung von Metallkeilen in japanischer Bautechnik am Boden festgebunden und mit 248 durchsichtigen, fünf Millimeter dicken Polycarbonatplatten verkleidet, in die von Solarzellen gespeiste, unabhängige Lampen integriert waren.

The pavilion was part of Serpentine Gallery's annual series, featuring a temporary structure by internationally acclaimed architects and designers. The design aimed at connecting the building to its context: a tree, the height of the existing Serpentine Gallery, and the subtle slope of the ground toward a road. The pavilion was based on deforming a grid on the basis of these contextual considerations.

It was made from 427 timber beams measuring 69 x 550 x 1000–1500 millimeters. The elements were joined in an alternating, staggered fashion to form a grillage with a maximum, clear span of seventeen meters. Folded near its perimeter, it formed both the roof and walls, with a varying height of 3–5 meters.

The structure was anchored to the ground using metal ties and clad with 248 translucent, five millimeter thick polycarbonate panels that incorporated autonomous solar-powered light.

**Architekten | Architects**
Alvaro Siza und | and Eduardo Souto De Moura,
Cecil Balmond
**Betrachtung | Analysis**
Mohammad Hikmat Subarkah

**Auftraggeber | Client**
Serpentine Gallery
**Größe | Size**
25 x 15 x 3–5 m
**Material / Statisches System | Structural system**
Holzlamellen-Tonnengewölbe, abgesetztes Konstruktionsgitter unter Verwendung von einfachen Nut- und Federverbindungen
| "Lamella" timber barrel-vault, offset structural grid using simple mortice-and-tendon connections
**Dauer der Aufstellung | Duration**
2005, drei Monate
| 2005, three months

**Kategorien | Categories**
Ausstellung, Aufführung
| Exhibition, Performance

**DAM-Pavillon 2006 bis 2008**

Ein Versuch über die Mach- und Baubarkeit eines Pavillons

**| DAM Pavilion 2006 to 2008**

An Attempt at Producing and Building a Pavilion

Christian Brensing

Der Begriff »Architektur« wird in der Regel mit Bauformen assoziiert, die über ein hohes Maß an materieller Solidität, historischer Präsenz und kultureller Vielfalt verfügen. Vorstellungen von architektonischer Wertigkeit und Funktionalität werden ebenso oft mit einem festen Standort verbunden. Sich von diesen Rahmenbedingungen zu entfernen stellt für jeden Architekten und Bauherrn immer noch eine besondere Herausforderung oder gar ein Wagnis dar. Zu der Klasse von Bauwerken, die diese Anforderungen an eine permanent gesetzte Architektur nicht erfüllen oder sogar bewusst negieren, gehört der Pavillon. Per Definition mitunter eine Form von »fliegenden Bauten«, die – räumlich begrenzt – besonders als Orte der Vergnügung oftmals einer exaltierten Formensprache huldigen. Somit geht von einem Pavillon fast immer eine besondere Art der Irrationalität aus. Sie eröffnet und erweitert das herkömmliche Verständnis und die allgemeine Erfahrung von Architektur.

Überlegungen zu diesem Thema wurden zuerst im Sommer 2006 im Deutschen Architekturmuseum (DAM) in Frankfurt am Main von dessen Direktor Peter Cachola Schmal und dem Autor angestellt. Anlass war der Wunsch der Museumsleitung, aufgrund des bevorstehenden 25. Jubiläums des DAM eine temporäre Erweiterung beziehungsweise neue Sichtweise auf das 1989 von Oswald Mathias Ungers gestaltete Museum am Schaumainkai zu ermöglichen. Der Autor, der als Mitarbeiter der Ingenieurgesellschaft Arup in den Jahren von 2001 bis 2004 die Entstehung der Serpentine Gallery Pavilions von Daniel Libeskind, Toyo Ito und Oscar Niemeyer in London miterlebt hatte, brachte entsprechende Kenntnisse mit ein. Der Wunsch und das Ziel bestanden darin, ein temporäres Bauwerk in kurzer Zeit unter den Aspekten der architektonisch-technischen Planung, des Material- und Finanzsponsorings sowie des Aufbaus zu koordinieren.

The term "architecture" is generally associated with structural forms that possess a high degree of material solidity, historical presence, and cultural variety. Notions of architectural significance and functionality are just as frequently linked with a fixed location. Therefore, it is always a special challenge—or even a risk—for an architect or developer to distance himself from these basic factors. Pavilions belong to the class of structures that do not ful-fill or even consciously negate the requirements of permanently fixed architecture. In German regional planning codes, they are referred to as "flying buildings," meaning temporary structures used for pleasure and often characterized by an exalted formal language. Hence, a pavilion almost always emanates a particular kind of irrationality. It opens up and expands the conventional understanding and general experience of architecture.

With Peter Cachola Schmal, the director of the Deutsches Architekturmuseum (DAM) in Frankfurt am Main, the author first made observations of this theme in the summer of 2006. In connection with the upcoming twenty-fifth anniversary of the DAM, the director sought to make possible a temporary expansion or new view of the museum, designed in 1989 by Oswald Mathias Ungers, on the Schaumainkai. The author, who as an associate of Arup Consulting Engineers, London, between 2001 and 2004 had first-hand experience of the creation of the Serpentine Gallery Pavilions by Daniel Libeskind, Toyo Ito, and Oscar Niemeyer in London, brought some necessary skills to the project. The goal was to coordinate the architectural-technical planning, material and financial sponsorship, and construction of a temporary structure within a short period of time.

Cecil Balmond was approached as a leading designer to Arup in London, because he had supervised most of the Serpentine Pavilions as an engineer and design consultant. With the help of the Arup Advanced Geometry Unit (AGU) in London, he was to draw upon his experience to create an architectural design and facilitate the project's technical realization. During a joint meeting at the DAM, the prospect of erecting a pavilion directly in front of the DAM on the lower riverbank edge of the Main excited Cecil Balmond. To ensure that the plans met the German building code, Peter Cachola Schmal and Cecil Balmond invited the Berlin architectural office Barkow Leibinger, which Balmond knew well, to collaborate on the project. Regine Leibinger and Frank Barkow soon agreed to plan and realize the DAM Pavilion. Upon further investigation by the Frankfurt Planning Department, however, the envisaged site on the bank of the River Main was eventually rejected for code reasons. An alternative site was found in the park of the Museum of Applied Arts, approximately two hundred meters away from the DAM within view of the river. In 2007, the Japanese architect Kengo Kuma had used the site to erect a small pneumatic pavilion for Japanese tea ceremonies. Now, the DAM Pavilion was to create another architectonic highlight alongside the museum Richard Meier designed. Due to scheduling conflicts, however, Cecil Balmond was forced to withdraw from the project and was thus unable to produce the pavilion's architectural concept. Barkow Leibinger immediately announced their readiness to assume the entire conception and planning of the DAM Pavilion.

The building site and appropriate building materials or material capacities are the most crucial factors in creating "flying buildings." Due to budget issues, the DAM had to rely on remuneration-free support from project participants: all services were to be provided *pro bono*. Only by appealing to the architectural and structural ideals linking all process participants was it possible to pursue the idea of the DAM Pavilion. The first steps undertaken by the author and Barkow Leibinger architects consisted of approaching specialist contractors about relevant building materials. Without commitments on building materials, the architectonic design would have remained a dream.

Da gute Verbindungen zu Arup London bestanden, wurde der dort arbeitende Cecil Balmond angesprochen, weil er die meisten der Serpentine-Pavillons als Ingenieur und Designer betreut hat. Er sollte mit seiner Erfahrung den architektonischen Entwurf liefern und die technische Realisierung mithilfe der Arup Advanced Geometry Unit (AGU) in London ermöglichen. Während eines gemeinsamen Treffens im DAM begeisterte sich Cecil Balmond für die Aufgabe, einen Pavillon direkt vor dem DAM auf dem unteren Uferstreifen des Mains zu errichten. Um die Planungen von London aus auch in Deutschland genehmigungstechnisch zu bewerkstelligen, brachten Peter Cachola Schmal und Cecil Balmond eine Zusammenarbeit mit dem Balmond gut bekannten Berliner Architekturbüro Barkow Leibinger ins Spiel. Regine Leibinger und Frank Barkow willigten bald ein, die Planung und Realisierung des DAM-Pavillons in Deutschland zu übernehmen. Weitere Erkundigungen bei der Frankfurter Bauaufsicht zu dem Bauplatz auf dem Mainufer ergaben jedoch, dass die vorgesehene Nutzung aus genehmigungstechnischen Gründen nicht möglich war. Daher musste ein alternativer Bauplatz gefunden werden. Im Park des Museums für Angewandte Kunst, etwa zweihundert Meter vom DAM entfernt und ebenfalls direkt am Main gelegen, wurde man fündig. Der japanische Architekt Kengo Kuma hatte dort bereits 2007 einen kleinen pneumatischen Pavillon für die japanische Teezeremonie errichtet. Nun sollte der DAM-Pavillon einen weiteren architektonischen Höhepunkt neben dem von Richard Meier entworfenen Museum bilden. Zu einem architektonischen Konzept des DAM-Pavillons durch Cecil Balmond kam es jedoch nicht mehr, da er aus terminlichen Gründen das Projekt absagen musste. Sofort erklärten sich Barkow Leibinger bereit, Konzeption und Planung für den DAM-Pavillon vollständig zu übernehmen.

Die für das Entstehen von »fliegenden Bauten« signifikantesten Koordinaten sind die Wahl des Bauplatzes sowie die entsprechenden Baumaterialien beziehungsweise -leistungen. Aus Budgetgründen setzte das DAM von Anfang an auf eine kostenfreie Unterstützung aller Projektbeteiligter: Alle Leistungen wurden frei erbracht. Nur durch den Appell an die alle Prozessbeteiligten verbindenden architektonisch-baulichen Ideale konnte die Idee des DAM-Pavillons überhaupt weiterverfolgt werden. Der Autor und die Architekten Barkow Leibinger übernahmen die Ansprache von Fachfirmen, um über die Zusicherung entsprechender Baumaterialien die nötigen ersten Schritte des Entwurfs einzuleiten. Denn ohne die Zusage maßgeblicher Baumaterialien hätte ein architektonischer Entwurf jeglicher realistischer Grundlage entbehrt.

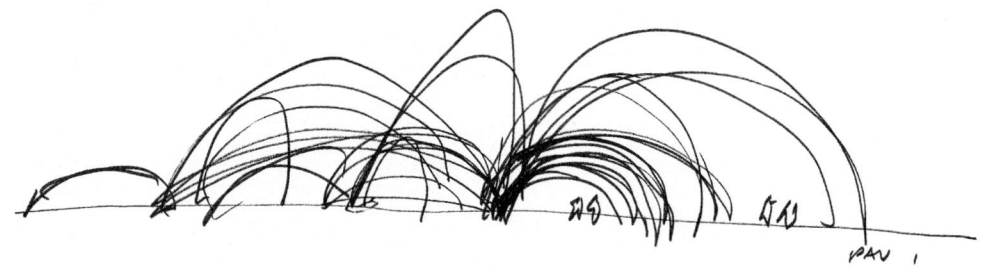

2

2  Gesamtansicht vom Park
   | General view from park

3

3 Innenraumperspektive
  | Interior perspective

4

**4** Innenraumperspektive
| Interior perspective

Christian Brensing DAM-Pavillon 2006 bis 2008

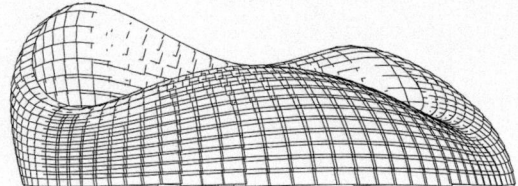

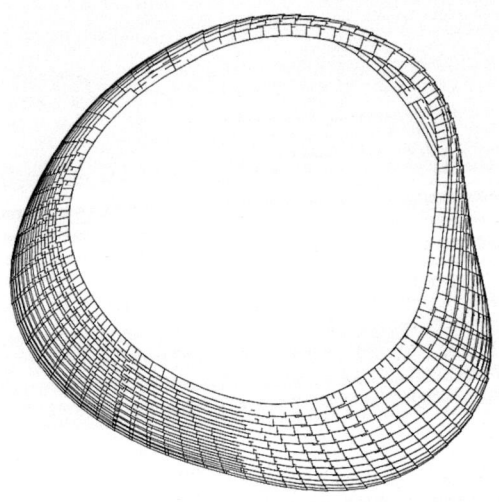

**5 | 6**  Schindeleindeckung
| Shingle covering

Christian Brensing                    DAM-Pavillon 2006 bis 2008

Erste Überlegungen Frank Barkows zur konzeptionellen Struktur des Pavillons sahen eine skelettartige Tragstruktur vor, die von einem transparenten beziehungsweise transluzenten Material bedeckt wurde. Dagegen waren der Grundriss und die detaillierte Pavillonform noch völlig offen. Allein die Anforderung des DAM, bis zu einhundert Sitzplätze und ein Café zur Verfügung zu stellen, bedingte eine gewisse Mindestgröße. Auch der Bauplatz stellte zunächst keine besonderen formalen Anforderungen. Die ersten Zusagen des Materialsponsorings, das die wesentlichen Belange des Tragwerks und der Eindeckung umfasste, brachten den nötigen Impetus: Bayer Sheet Europe erklärte sich bereit, eine Polycarbonateindeckung zu liefern, und auch das Interesse der Stahlindustrie an konkretem Sponsoring brachte das Projekt ebenfalls voran. Auf ingenieurtechnischer Seite wurden für alle technischen Belange die Ingenieure von Werner Sobek aus Stuttgart gewonnen, die zu dieser Zeit ein Bauvorhaben mit Barkow Leibinger verwirklichten.

Der Prozess der Formfindung erfolgte in mehreren Etappen, wobei das jeweilige Stadium auch immer eine weitere Konsolidierung der Material- und Planungssponsoren darstellte. Die ersten Entwürfe definierten schon das Grundkonzept des späteren Pavillons: Handelsübliche Stahlrohre wurden gebogen und hintereinander in einer Linie angeordnet. In der Konfektionierung des Stahls sollten digitale Lasertechnologien zum Einsatz kommen, die schon während der Konzeptions- und Produktionphase das Prinzip der individualisierten Massenfertigung verdeutlichten. Segmente der präzise geschnittenen Stahlbogen sollten mittels Passstücken aneinandergefügt werden. Auf diese Weise entstanden räumliche Strukturen – regelrechte Gewölbe –, die entweder linear geschwungen nebeneinander verliefen oder teils komplexe ineinander verschlungene Kurvenpfade aufwiesen. Assoziativ waren diese Formen dem radialen Aufbau von Muscheln und Schneckengehäusen entlehnt. Der enge Abstand der Bogen zueinander sowie deren metallischer Glanz weckten aber auch Erinnerungen an die Drahtgestellmöbel des amerikanischen Designers Warren Platner aus den 1960er-Jahren. Vom Grundriss her waren jedoch die meisten dieser »Käfige« eher begrenzt und man musste eine Form finden, die das nötige Raumvolumen für ein Auditorium und ein separates Café bot. Der Umstand, dass inmitten des Bauplatzes ein kleiner Baum steht, kam der endgültigen Formfindung zugute. Statt den Baum zu opfern, legten die Architekten einen Ring von Bogen unterschiedlicher Höhe um ihn herum, wodurch sich der Baum nun in einer Art Innenhof befand. Frank Barkow sprach enthusiastisch vom »dog dish« (Hundenapf) und die endgültige Form des DAM-Pavillons war gefunden.

Although in his initial conceptual idea for the pavilion, Frank Barkow envisaged a skeleton-like structural support covered with transparent or translucent material, the floor plan and a detailed pavilion form remained open ended. The DAM's aim to provide seating for up to one hundred people and a café required a particular minimum size. The building site initially stipulated no particular formal demands. The necessary impetus was provided through the first promise of material sponsorship. Bayer Sheet Europe announced that it could provide polycarbonate roofing, and the steel industry's interest in sponsorship also added momentum to the project. In terms of engineering, Werner Sobek's engineers in Stuttgart, at the time involved with Barkow Leibinger on a construction project, were invited to handle all technical issues.

The design process took place over multiple stages, with each phase representing an additional consolidation of material and planning sponsors. The initial designs had defined the basic concept of the planned pavilion. Commercially available steel tubes were to be bent and arranged in a consecutive line. As early as the conception and production phase, mass-fabricating through the planned use of digital lasers illustrated the principle of individualized mass-production. Adapters were to be used to join segments of precisely cut steel arcs. This was a way of producing spatial structures—actual arches—which either ran alongside one another in a linear fashion, or which featured complex, partly interlocking curvatures. These forms were, associatively speaking, borrowed from the radial compositions of mussels and snail shells. The minimal distance between arcs as well as their metallic sheen also conjured images of the steel-wire furniture of the nineteen-sixties by the American designer Warren Platner. Based on the floor plan, most of these "cages" were, however, somewhat restrictive, and a form had to be found that would offer the necessary spatial volume for an auditorium and a separate café. The final design benefited from the small tree that stood in the center of the building site. Rather than sacrificing the tree, the architects created a ring of arcs of varying heights around it, creating a kind of inner courtyard for the tree. Frank Barkow enthusiastically called it a "dog dish," which determined the final shape of the DAM Pavilion.

The next steps of constructional detailing occurred in close collaboration with Werner Sobek's engineers, who modeled the edifice's structural support, façade, and interior climate. The structural calculations of the arcs quickly revealed that a secondary construction was required to withstand the shear and compression of the roof cover and, ultimately, the wind loads. The loads were directed into a foundation of individually floating concrete slabs.

Since it could be assumed that all prefabricated building components were of high quality, the twenty-five to forty-centimeter-thick reinforced concrete slabs were to be transported by truck to the site and, via a network of steel anchors, arranged into a kind of "carpet," on top of which the steel arcs would be anchored according to pre-calculated depths. Serving as roofing, six-millimeter-thick polycarbonate sheets of Makrolon were to be laid out over the arcs like shingling. To reduce the amount of sunlight, special Makrolon sheets with curved and integrated photovoltaic modules were allocated for relevant locations. Over the remaining roof area, Makrolon sheets were to be printed to provide the necessary sun protection.

Especially during the months prior to the submission of the building application, the DAM was no longer able to single-handedly contend with the increasingly complex demands of planning and coordinating the pavilion. Accordingly, the Frankfurt offices of Drees & Sommer assumed project management of the increasingly tighter process-relevant phases. In October 2008, the DAM Pavilion team decided to push for the submission of the building application by the end of the month. Signs of the growing and rampant financial crisis, however, caused the larger, local financial institutions to rescind from their original sponsorship commitments. By the time the building application was to be submitted, the banks could no longer guarantee financing. Since it was too risky for the DAM to absorb the enormous expenses, Peter Cachola Schmal stopped all additional work on the DAM Pavilion, signaling the end of the entire project.

What remains? To begin with, it was the experience of having architecture, simultaneously and directly, lived through as a purely cognitive process from which an increasingly real design was developed over an entire range of perceptual phases. On an equally broad level, this gradual becoming led to an exploration of the associative possibilities of the site, and of an architectural structure for which it was conceived. In the end, the DAM Pavilion project remained just as fictional as it was from the outset. An exhibition and this publication document the path and ideas of this project.

Die nächsten Schritte der konstruktiven Detaillierung erfolgten in enger Zusammenarbeit mit den Ingenieuren von Werner Sobek, die das Bauwerk bezüglich des Tragwerks, der Fassade und des Innenraumklimas modellierten. Schnell stellte sich heraus, dass die Statik der Bogen eine Sekundärstruktur benötigte, um dem Schub und Druck der Dacheindeckung, einschließlich der Windlasten, standzuhalten. Die auftretenden Kräfte wurden alle in ein Fundament aus schwimmend verlegten Betonplatten geleitet.

Da man bei allen Baukomponenten von einem hohen Grad der Vorfertigung ausging, sollten die fünfundzwanzig bis vierzig Zentimeter starken Betonplatten mit einem Lkw zum Bauplatz transportiert werden und dort über einen Verbund aus Stahlankern eine Art »Teppich« ergeben, auf dem die Stahlbogen in vorgesehenen Vertiefungen verankert worden wären. Die Eindeckung mit sechs Millimeter starken Polycarbonatplatten aus Makrolon sollte durch eine schindelartige Belegung der Bogen erfolgen. Um die Sonneneinstrahlung zu vermindern, waren an den relevanten Stellen spezielle Makrolonplatten mit gebogenen und integrierten Fotovoltaikmodulen vorgesehen. Im übrigen Dachbereich sollte eine Bedruckung des Makrolons für den nötigen Sonnenschutz sorgen.

Die zunehmend komplexeren Anforderungen, welche die Planung und die Koordination des DAM-Pavillons erforderten, konnten insbesondere in den Monaten vor dem Einreichen des Bauantrags nicht mehr erschöpfend vom DAM alleine bewältigt werden. Deswegen übernahm die Frankfurter Niederlassung von Drees & Sommer die prozessrelevante Steuerung der zunehmend enger ineinandergreifenden Abläufe. Im Oktober 2008 begann das Pavillonteam des DAM mit dem Endspurt, um Ende des Monats den Bauantrag einzureichen. Die Anzeichen der immer stärker um sich greifenden Finanzkrise machten jedoch die ursprünglichen Sponsoringzusagen von Seiten großer lokaler Finanzinstitute immer hinfälliger. Letztendlich lag zu dem Zeitpunkt, da der Bauantrag eingereicht werden sollte, keine gesicherte Finanzierung von Seiten der Banken vor. Da somit das Risiko für das DAM, auf den enormen Kosten sitzenzubleiben, zu groß wurde, stoppte Peter Cachola Schmal die weitere Ausarbeitung des DAM-Pavillons, was das Ende des gesamten Projekts bedeutete.

Was bleibt? Die Erfahrung, Architektur gleichzeitig und unmittelbar zunächst als einen rein kognitiven Prozess erlebt zu haben, aus dem sich über die verschiedensten Phasen der Wahrnehmung eine immer realere Gestalt herausbildete. Auf einer gleichsam erweiterten Ebene führte dieses allmähliche Werden zur Auslotung der assoziativen Möglichkeiten des Ortes und einer dafür gedachten Architektur. Am Ende ist das Projekt des DAM-Pavillons so fiktiv geblieben, wie es begonnen hatte. Eine Ausstellung und die vorliegende Publikation dokumentieren den Weg und die Gedanken dieses Projekts.

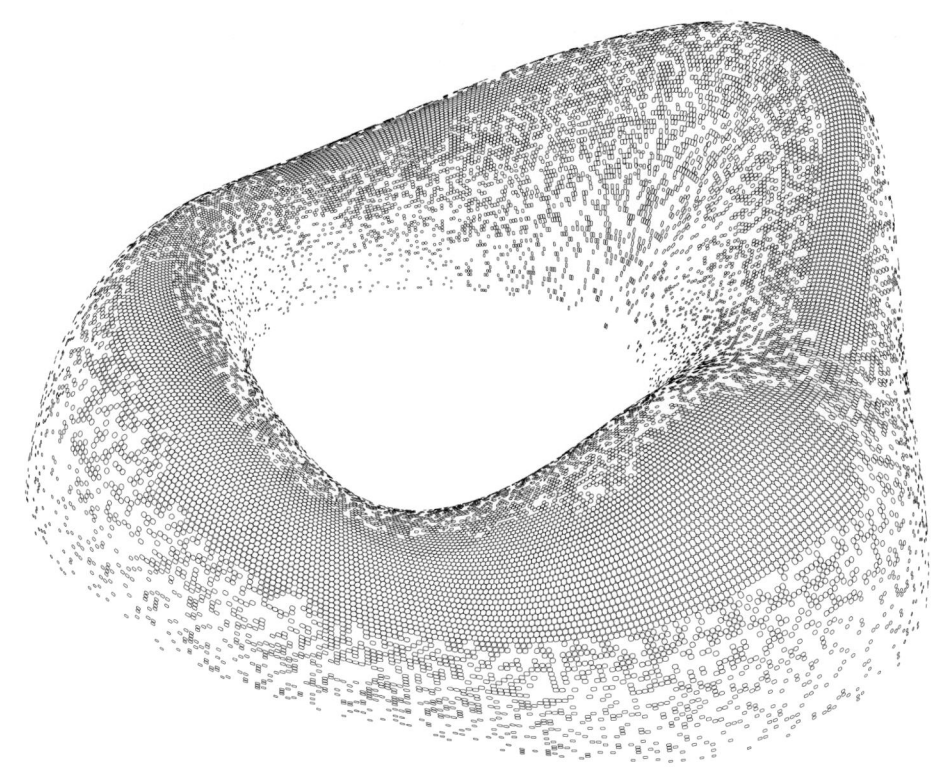

7 Verschattung mit Fotovoltaikflächen
| Photovoltaic shading pixels

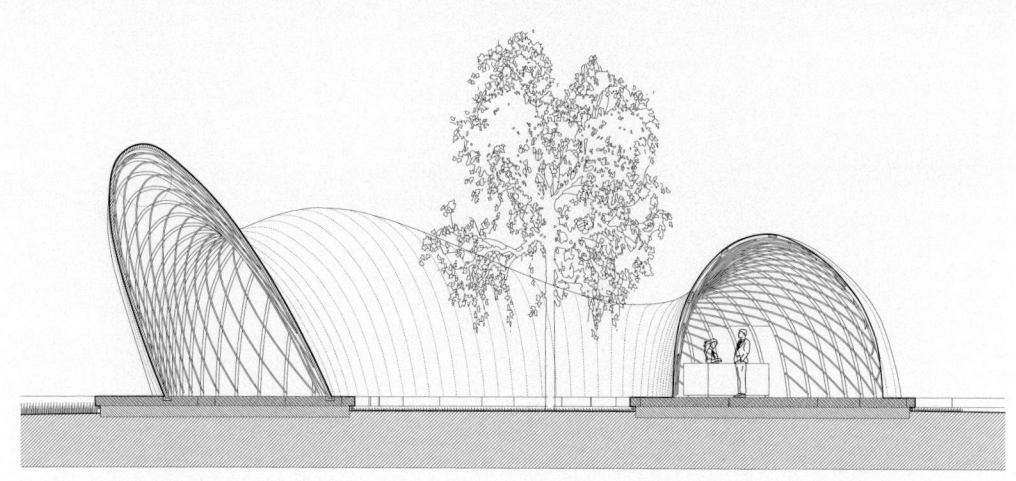

8

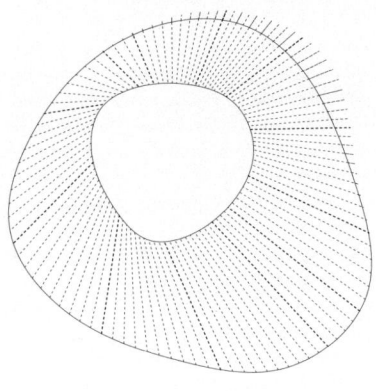

9

10

**8** Schnitt
| Section
**9** Konstruktionsprinzip
| Construction principle
**10** Bogentypen mit unterschiedlichen Radien
| Construction arcs typology

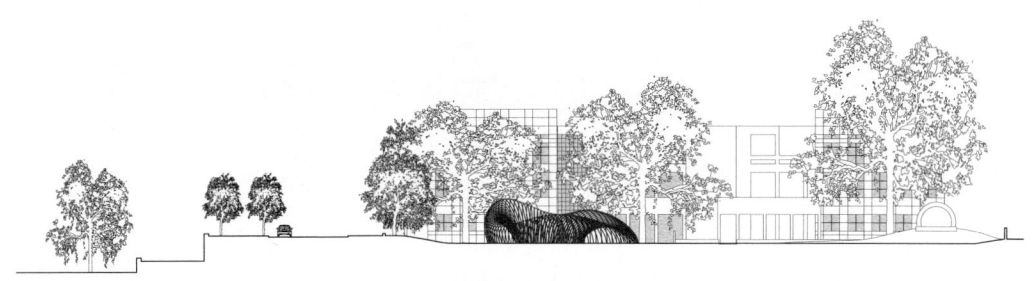

11

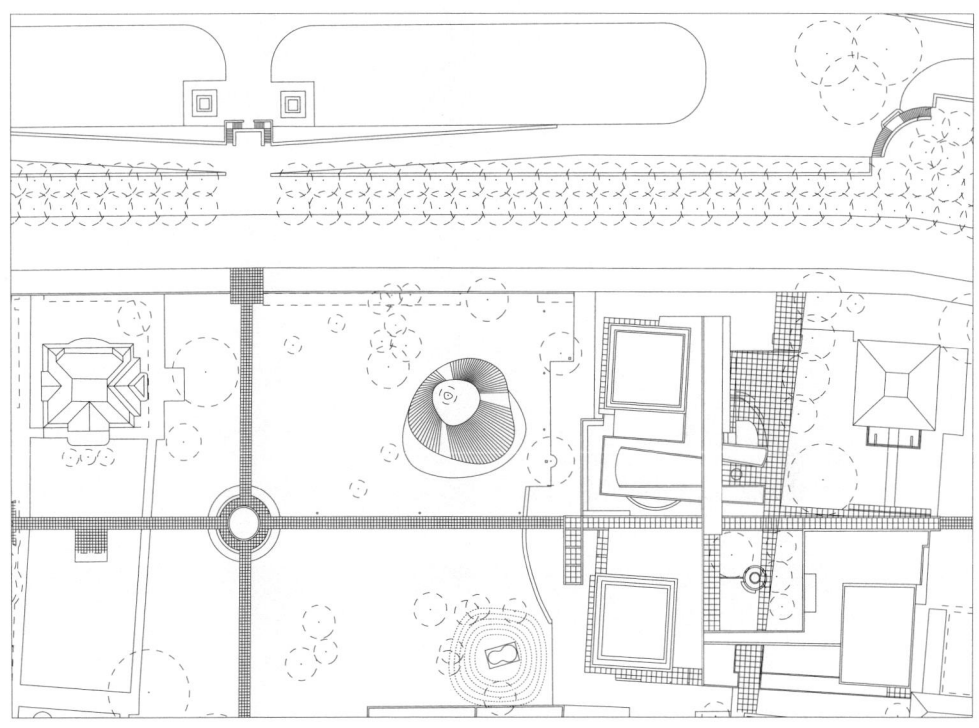

12

11 Schnitt Gelände, Park des Museums
für Angewandte Kunst, Frankfurt am Main
| Site section, park of the Museum of
Applied Arts, Frankfurt am Main
12 Lageplan, Park des Museums
für Angewandte Kunst, Frankfurt am Main
| Site plan, park of the Museum of
Applied Arts, Frankfurt am Main

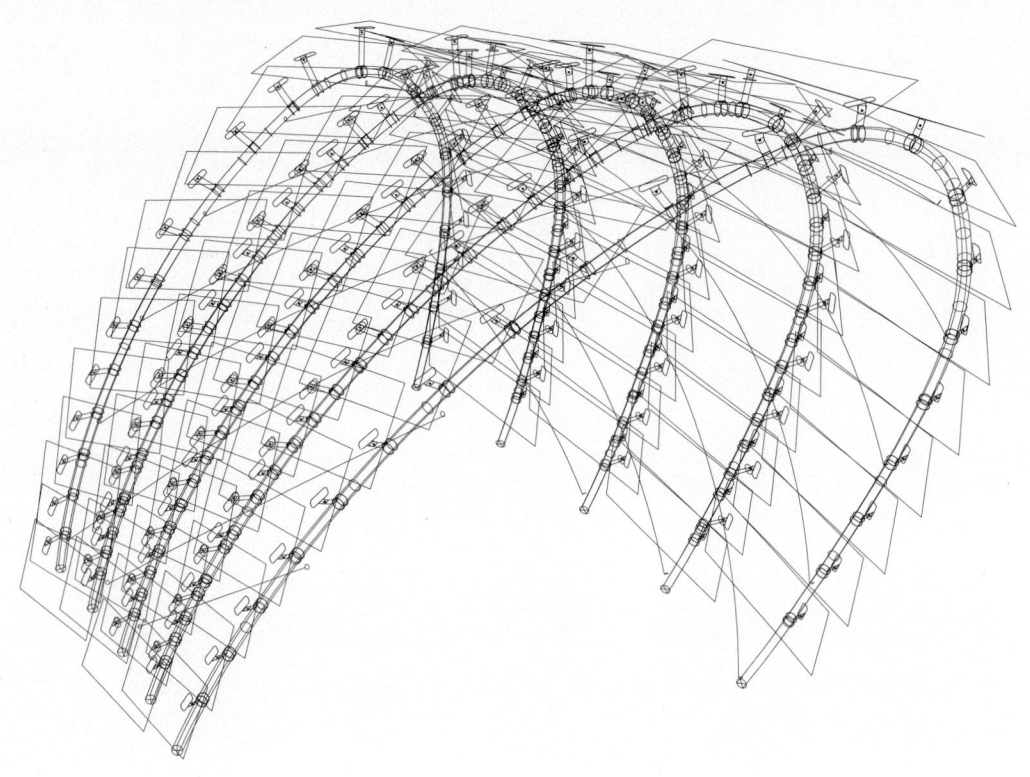

**13** Parametrisches Modell der Verbindungsabstände
 | Parametric model showing connection distance

Christian Brensing                    DAM-Pavillon 2006 bis 2008

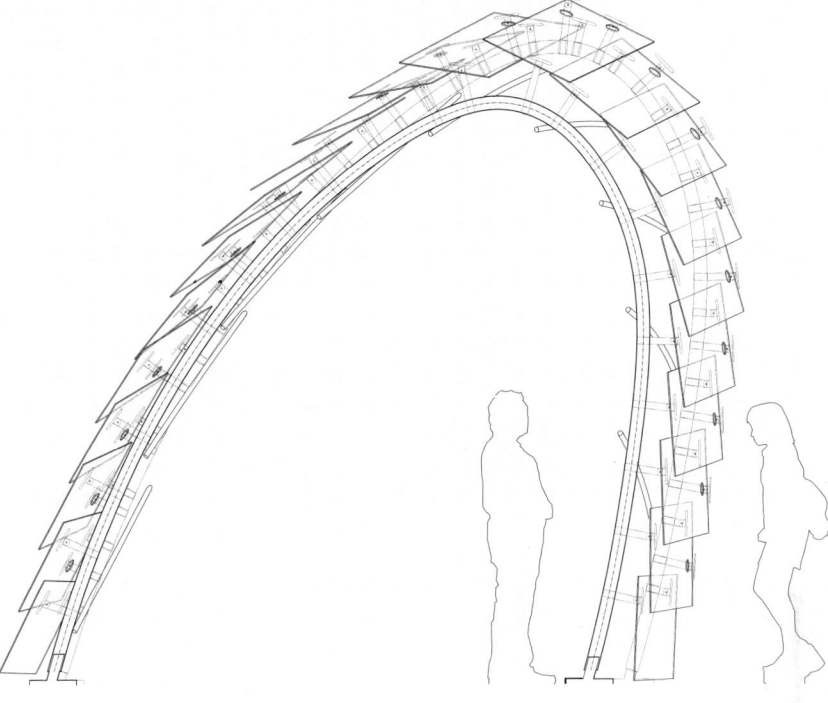

14

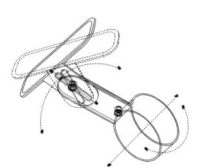

15

16

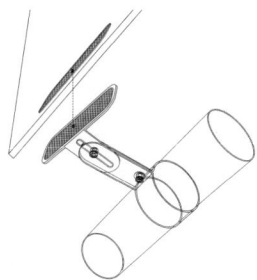

**14** Detailschnitt Schindelbefestigung
  | Arch section of shingle assembly
**15** Maximaler Drehwinkel und Beweglichkeit der Schellenbefestigung
  | Maximum rotation and movement of clamp joints
**16** Aufbaudarstellung Schellenbefestigung mit Klettverbindung
  und Schindeln
  | Assembly components: Velcro connection with clamp joints

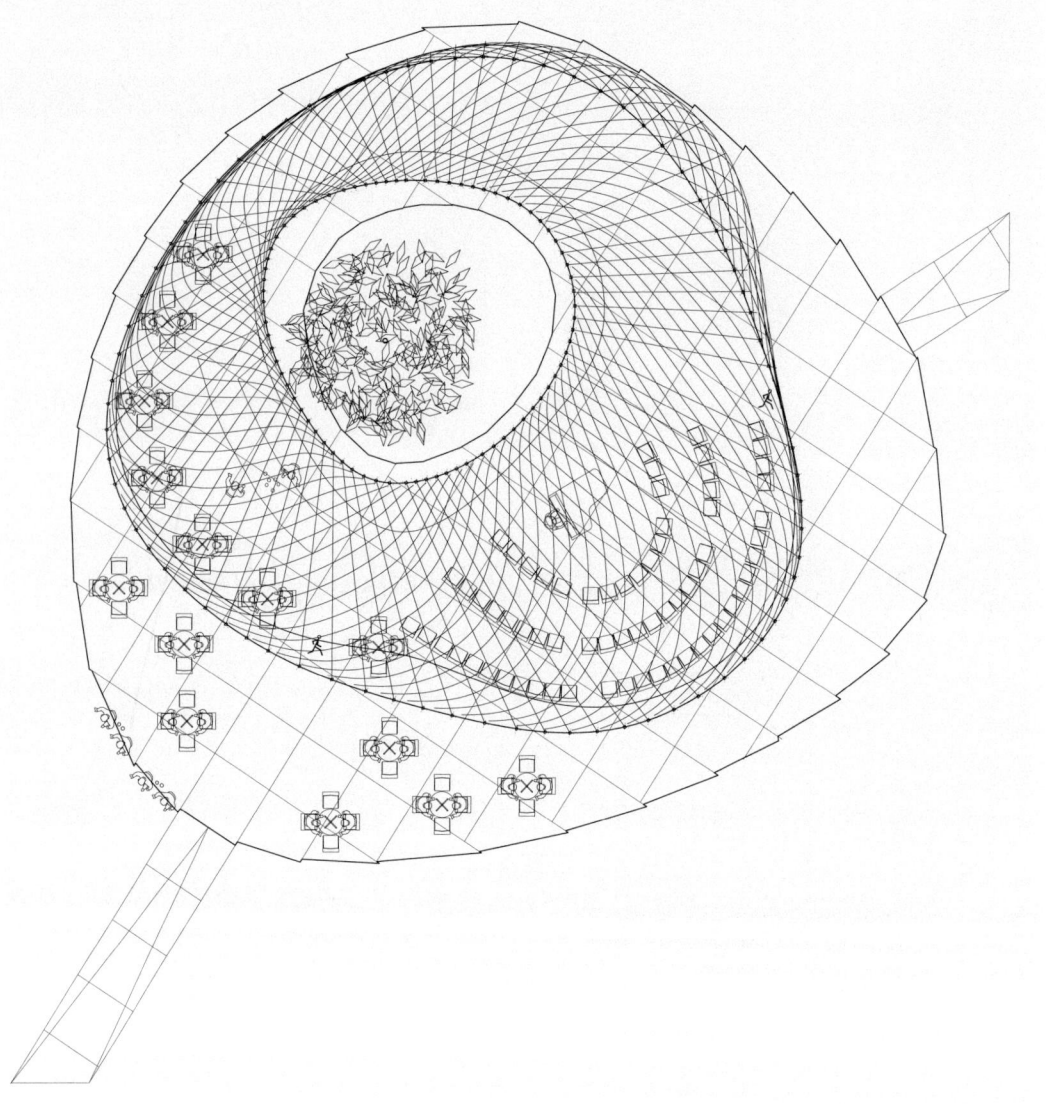

**17** Draufsicht
| Aerial view

Christian Brensing                    DAM-Pavillon 2006 bis 2008

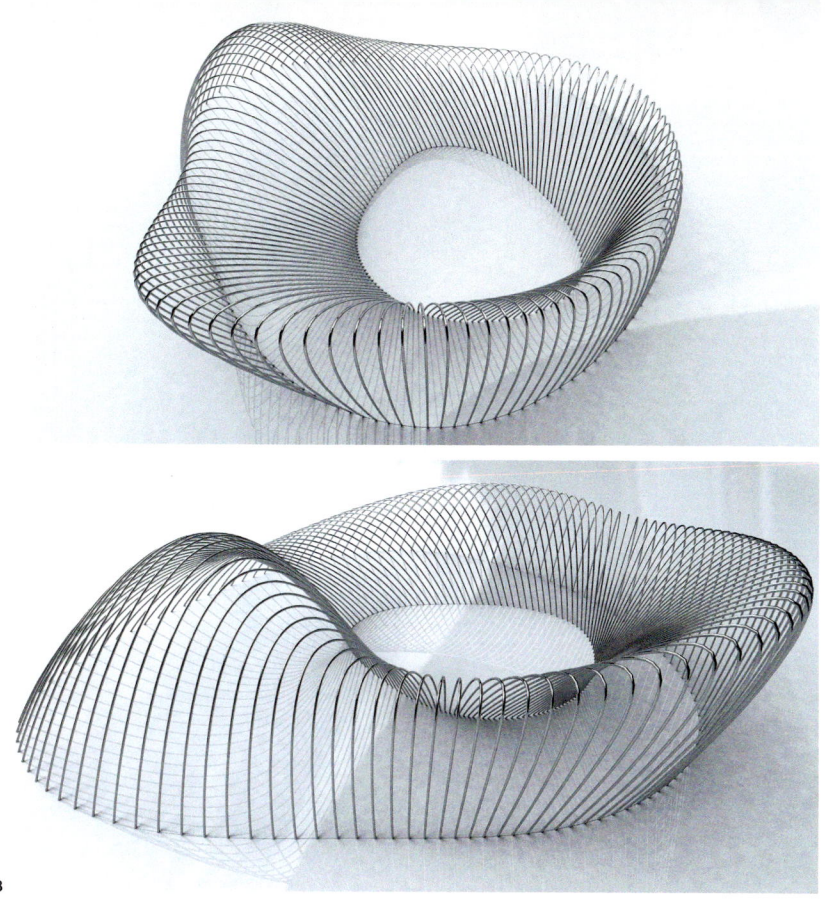

**18**

**18** Rendering Formstudien
| Rendering form studies

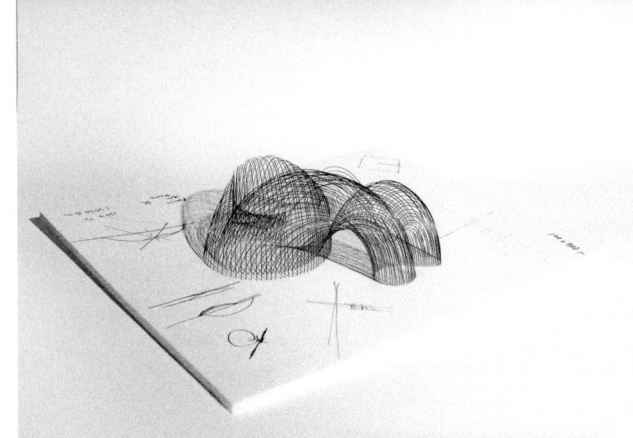

19

19 Frühe Modellstudie
  | Early Model study

Christian Brensing                    DAM-Pavillon 2006 bis 2008

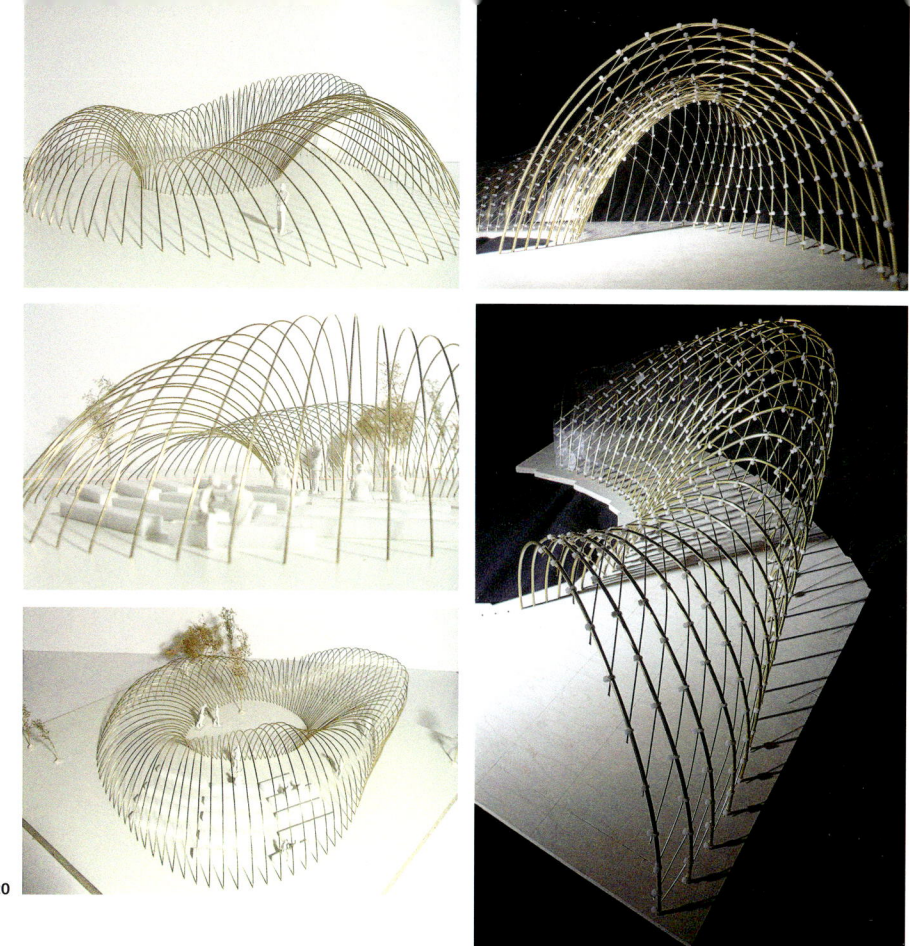

20

21

20  Details Strukturmodell
   | Details structural model
21  Modellstudien
   | Model studies

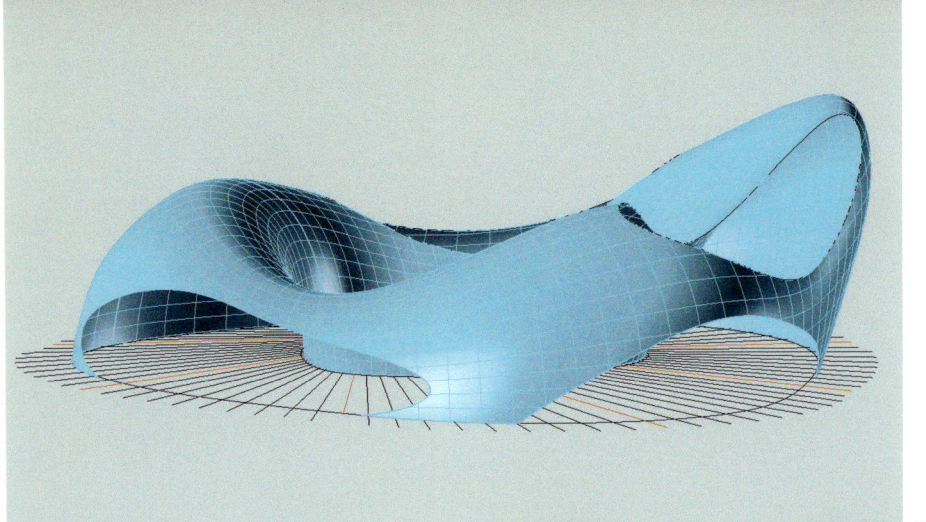

22

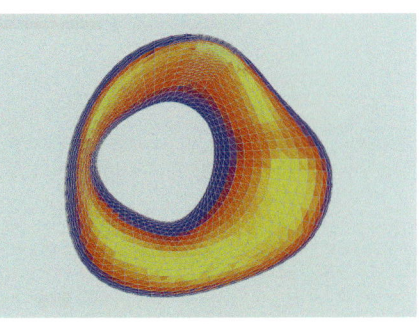

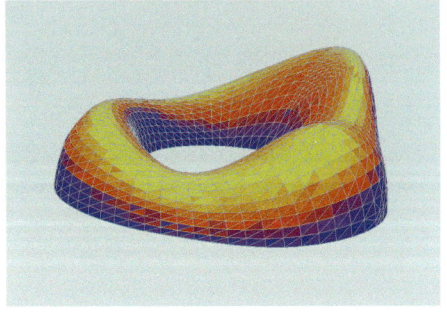

23

22 Materialwechsel, verkleidete und offene Bereiche
  | Material change: claddings and openings
23 Klimastudien
  | Climate studies

24

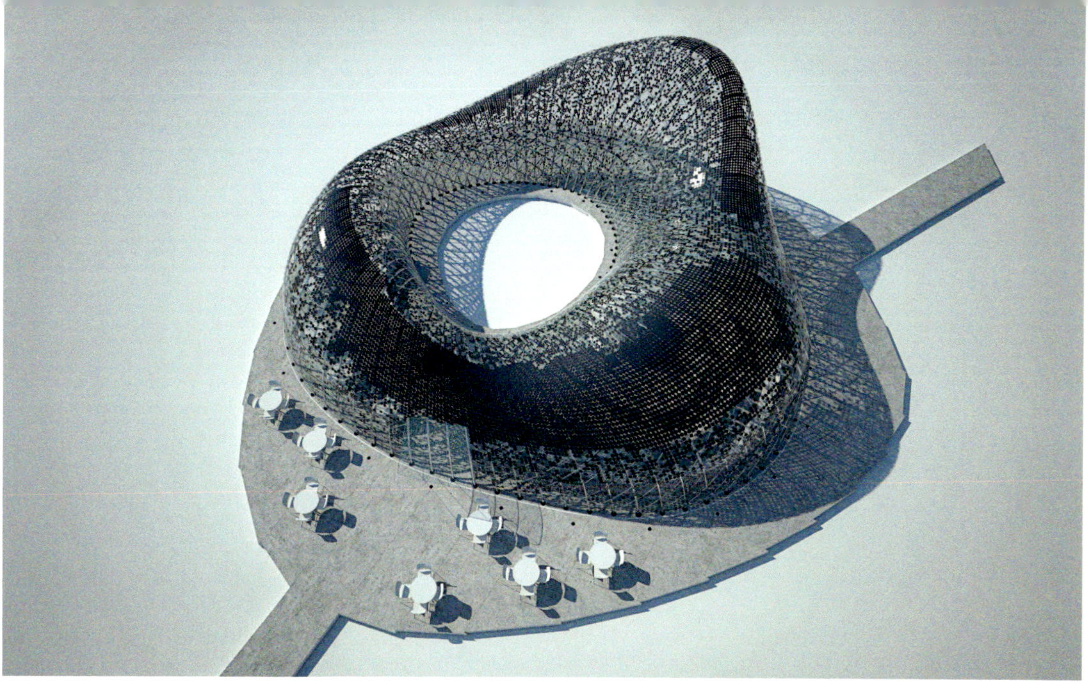

25

24  Vogelperspektive
    | Bird's eye view
25  Rendering
    | Rendering

26

7

**28** Rendering

Christian Brensing                    DAM-Pavillon 2006 bis 2008

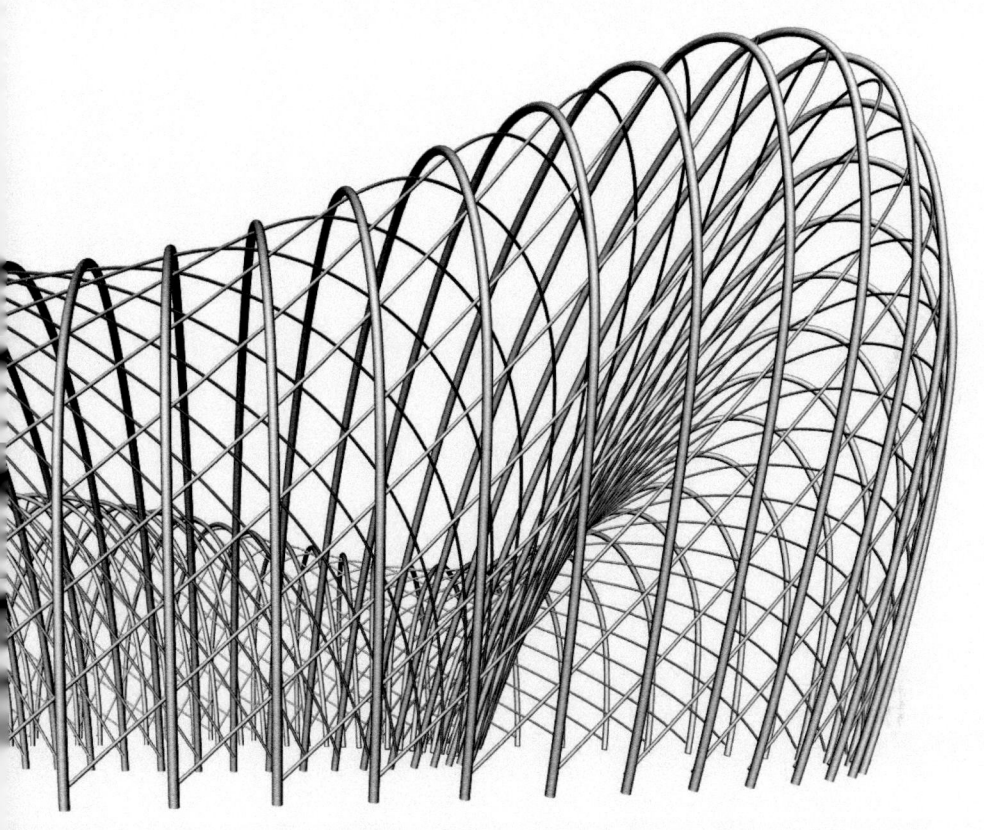

**Zwischen dem Spekulativen und dem Pragmatischen**
**| Between the Speculative and the Pragmatic**

Frank Barkow & Regine Leibinger

Wir beschäftigen uns hauptsächlich mit drei voneinander unabhängigen Bereichen: Lehre, Forschung und den »eigentlichen« Bauprojekten, also Wettbewerben und Realisierungen. Obwohl diese Bereiche voneinander unabhängig sind, haben sie sich immer stärker verzahnt und beeinflussen und befruchten sich gegenseitig. Die Forschung ist innerhalb der letzten zwei Jahre immer wichtiger geworden, sodass sie mittlerweile einen grundlegenden Aspekt der Identität und der Ambition unseres Büros darstellt: Der Schwerpunkt liegt auf digitalen und analogen Materialexperimenten. Auch unsere akademische Tätigkeit hat sich weiterentwickelt, und wir arbeiten mit Studenten inzwischen nicht mehr nur im Seminarraum, sondern auch in unserem Büro, und lernen von ihnen. Während die Forschung zunächst eher experimentell war und nicht im Zusammenhang mit unseren Bauprojekten stand, trägt sie inzwischen sowohl zu unseren Gebäuden als auch zu Architekturausstellungen und Installationen bei, wodurch ein Forum entsteht, das mithilft, eine Richtung vorzugeben und das eine kritische Orientierung bietet.

Ein Pavillon ist weder ein Gebäude noch ein reines Experiment. Er befindet sich in der Schwebe zwischen dem Spekulativen und dem Pragmatischen. Historisch gesehen ist der Pavillon immer ein faszinierendes Thema für Architekten und Künstler gewesen. Für uns ist er ein interessantes Vehikel (ein Prototyp oder Muster), um die Grenzen und Möglichkeiten spekulativen Arbeitens auszuloten. Er gibt Themen, die unterschwellig vorhanden aber unvollständig sind, eine Perspektive. Für uns ist der Pavillon ein Maßstab und Filter, um den Wert unserer Forschungen zu legitimieren und zu verstehen.

In gewisser Hinsicht handelt es sich um eine leichte Bauaufgabe, unbelastet von Zwängen wie Dauerhaftigkeit, Aufgabe, Auftraggeber, Nutzer oder Funktion: Der Pavillon bietet eine Ebene, auf der zufällige Begegnungen stattfinden können. Der Inhalt ist offen oder kann sich verändern. Dem Fehlen eines Zwecks steht eine Fülle von Möglichkeiten gegenüber. Meist handelt es sich bei diesem Bautyp um eine Art von Demonstration, die Vision einer noch unbestimmten Zukunft. Als utopische Gebäude eignen sich Pavillons besonders für neue Technologien, Wissenschaft, Gestaltung und Bautechnik an den Grenzen der Disziplin, für Innovationen oder den Einsatz des Gewöhnlichen auf ungewöhnliche Weise. Sie entziehen sich der einfachen formalen Einordnung und können sowohl gegenständlich / körperlich als auch abstrakt / unkörperlich sein.

Our activities focus around three autonomous areas: academic teaching, research, and the practice itself (building and competitions). Although autonomous, these areas of interest have increasingly overlapped with each other, one influencing and driving the other. Our research has accelerated in the last two years to the point where it is now an essential aspect to the identity and ambition of our practice, has focused on both digital and analog material fabrication. Our academic pursuits have also evolved to the point where we are now as likely to work with students in our studios as well as in the classroom. While the research component (material fabrication) began experimentally and unrelated to building projects, it now contributes to both construction and architectural exhibitions and installations, the result being a forum that helps direct and offer a critical orientation to it.

A pavilion is neither a building nor exclusively an experiment. It hovers between the speculative and the pragmatic. The pavilion (historically) endures as a compelling topic for architects and artists. For us, it is a provocative vehicle (prototype or sample) for testing the limits and capacities of speculative work. It gives direction to work that might remain latent but incomplete. A pavilion, here, acts as a gauge or filter to both legitimize and understand the value of our research.

In one sense, you can travel light, unburdened by the constraints of permanence, program, patronage, user, or function; the pavilion offers a field for chance encounters. Content is open-ended or changing. Its very lack of purpose is offset normatively by an exuberance of possibilities. They are usually demonstrations of a sort, visionary for a yet to be determined future. Utopian pavilions favor emerging technologies, science, form-making, and structural engineering at the boundaries of the discipline—innovation, or using the usual unusually. Resisting easy formal classifications, they can be formal/material or informal/immaterial.

With this in mind, we began working with curators Peter Cachola Schmal and Christian Brensing a few years ago with the ambition to realize, with Werner Sobek, a temporary pavilion for the gardens of the Museum of Applied Arts in Frankfurt am Main. From the outset, our goal was to sift through an inventory of research work we had produced and see whether there was a potential system that could produce a form for a pavilion. We began conceptually with a specific material that could be tooled in a specific way which would produce a formal result: form follows fabrication. We have witnessed a generation of architects who use software to produce forms, and then try to backload, at a later point, a way to construct such a form. We like the idea of using the digital to direct or guide the working of materials, rather than simply producing images. We ask, "What forms will arise from how we use materials and the technologies that shape them?"

Based on our research, we began with an assumption. We could produce a formal language leading to a pavilion construction by digitally bending off-the-shelf metal tubes. Digital technology enables bending that has multiple radii, where each construction arch can be mass-customized, that is, where each can be unique. Taking this as a rule-based premise, we worked with students from the University of Pennsylvania and the Harvard University Graduate School of Design to produce an array of formal possibilities for a pavilion construction. With Brensing and Schmal as "client / curators," we narrowed the selection process to a circular arched form that could deform to be higher or lower, wider or narrower, based on a variable and differentiated series of tube-metal arches. This form was selected for its clarity and flexibility to absorb changing programs, buildability, visibility, and site specificity in relation to the garden, the river embankment, and Kengo Kuma's teahouse. The form is a direct result of an accumulation of digitally bent tubes and was not an *a priori* goal in itself.

Vor diesem Hintergrund haben wir vor einigen Jahren begonnen, mit den Kuratoren Peter Cachola Schmal und Christian Brensing zusammenzuarbeiten. Wir wollten gemeinsam mit Werner Sobek einen temporären Pavillon im Garten des Museums für Angewandte Kunst in Frankfurt am Main bauen. Es war von Anfang an unser Ziel, innerhalb unserer Forschungsarbeit ein System zu entwickeln, das die Form eines Pavillons hervorbringen könnte. Dem Konzept entsprechend, begann unsere Arbeit bei einem bestimmten Material, das auf eine Weise bearbeitet werden konnte, die zu einem formalen Ergebnis führen würde: Die Form folgt der Fertigung. Wir haben erlebt, wie eine Generation von Architekten Computerprogramme zur Generierung von Form benutzt hat, um dann zu einem späteren Zeitpunkt umgekehrt zu versuchen, eine solche Form auch zu bauen. Uns gefällt die Idee, das Digitale einzusetzen, um die Bearbeitung der Materialien zu lenken oder zu leiten, anstatt einfach nur Bilder zu erzeugen. Wir stellen die Frage: »Welche Gestalt wird sich aus der Art ergeben, wie wir die Materialien und die Techniken, die sie formen, verwenden?«

Ausgehend von unseren Forschungen haben wir mit einer Prämisse begonnen. Wir wollten eine formale Sprache finden, die zur Konstruktion eines Pavillons führen würde, indem wir Standard-Metallrohre computergesteuert biegen. Digitale Technologien ermöglichen ein Biegen, das multiple Radien hat, bei dem jeder der vielen Konstruktionsbogen maßgeschneidert ist, das heißt, dass jeder einzigartig sein kann. Von dieser auf Regeln basierender Prämisse ausgehend, arbeiteten wir mit Studenten der University of Pennsylvania und der Harvard University Graduate School of Design zusammen, um eine Vielzahl formaler Möglichkeiten zum Bau eines Pavillons zu erstellen. Gemeinsam mit Christian Brensing und Peter Cachola Schmal als den »Kunden / Kuratoren« schränkten wir den Selektionsprozess auf eine runde, gebogene Form ein, die höher oder niedriger, weiter oder schmaler werden konnte, und die auf einer variablen und differenzierten Reihe von Bogen aus Metallrohren basierte. Diese Form wurde gewählt, weil sie klar war und flexibel auf die sich verändernden Anforderungen reagieren konnte. Sie war leicht zu bauen und gut sichtbar, und sie passte – in Bezug auf den Garten, das Flussufer und Kengo Kumas Teehaus – zum geplanten Standort. Die Form ist das direkte Ergebnis der Menge der gebogenen Röhren und nicht ein a priori gesetztes Ziel an sich.

1

2

Barkow Leibinger mit Studenten der
| with student of the University of Wisconsin
Marcus Prize Pavilion
Milwaukee, Wisconsin, USA, 2007

1 | 2 Blattförmige Dachstruktur aus Sperrholz
mit Polycarbonateindeckung
| Leaf-shaped roof structure of plywood and
polycarbonate cladding

3

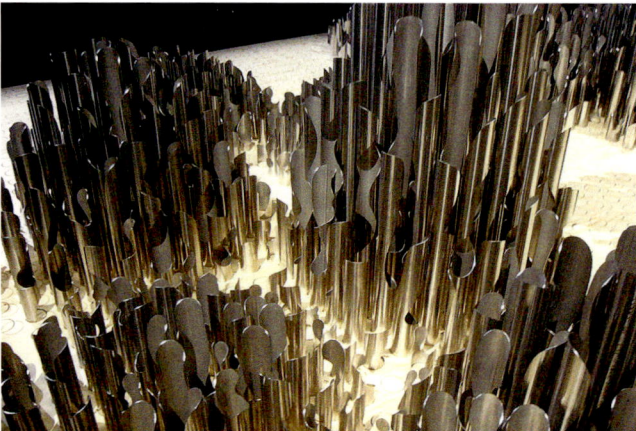

4

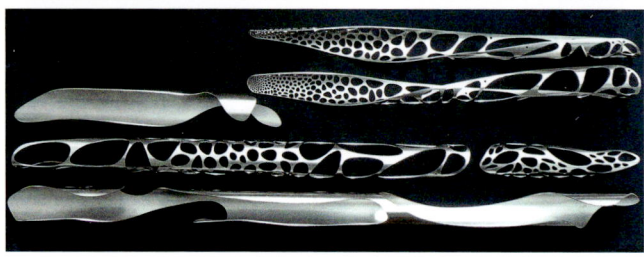

5

**Barkow Leibinger**
**Forschung | Research**
3   Leuchter aus lasergeschnittenen Plexiglasrohren
    | Laser-cut Plexiglas chandelier
4   »Nomadic garden«, Installation für die
    Architekturbiennale 2008 in Venedig
    | "Nomadic garden," installation for the
      Venice Architecture Biennale 2008
5   Studien zu Rohrschnitten
    | Bone-tube studies

In enger Zusammenarbeit mit dem Büro von Werner Sobek (hier ist besonders Wolfgang Sundermann zu erwähnen) entwickelten wir einen Bogen, der strukturell durch eine zweite, leichtere Röhrenkonstruktion, die eine selbsttragende Gitterstruktur bildete, stabilisiert werden konnte. Wir wählten Makrolon von Bayer als Material für die transparente Verkleidung des Pavillons, das sowohl durchsichtig als auch beschichtet sein konnte, um als Sonnenfilter fungieren zu können. Diese Makrolon-Schindeln sind so beschaffen, dass sie die natürliche Belüftung erleichtern, während sie Schutz vor Sonne und vor Niederschlag bieten. Wir setzten Scripting als ein Mittel ein, um die Geometrie zu klären und die Anzahl der verwendeten Schindeln von über tausend individuellen Typen auf nur fünfzehn zu reduzieren. Als Befestigungselemente sollen entweder Hinterschnittdübel oder eine Art Klettband verwendet werden. Das Gerüst steht auf großen Betonfertigteilen, die auf dem Rasen des Gartens ausgelegt sind.

Der beabsichtigte Effekt war, eine vergängliche, flüchtige Architektur zwischen den Bäumen des Parks entstehen zu lassen. Leichte Brisen und das wechselnde natürliche Tageslicht sollten die Räume verändern. Nachts sollte der Pavillon wie eine Laterne auf dem Rasen leuchten. Die geschwungenen Räume weiten und verengen sich, um einen Veranstaltungsort und eine kleine, fest eingebaute Bar zu umschließen.

Working closely with Werner Sobek's office (especially Wolfgang Sundermann), we developed an arch that could be structurally stabilized by a secondary and lighter tube construction to form a self-supporting lattice structure. We chose Bayer Makrolon as a translucent cladding material for the pavilion, which could be clear or dot-screened to aid in the screening of the sun. These Makrolon shingles are detailed to facilitate natural ventilation while providing protection from sun and rain. We used scripting as a means to resolve the geometry and to optimize the number of shingles from over 1,000 unique types to fifteen. Fasteners can be mechanical pins or a Velcro-like fabric. The structure is pinned to a series of large precast concrete pavers laid onto the lawn of the garden.

The intended effect is to produce an ephemeral architecture among the trees of the park. Passing breezes and dappled natural daylight would affect its spaces. By night, it would glow like a lantern on the lawn. The circular spaces open and contract to accommodate an event space and a small, fixed bar.

**Barkow Leibinger mit**
**| with Werner Sobek Stuttgart**
**Hauptpforte Firma Trumpf**
Ditzingen, 2007

Frank Barkow & Regine Leibinger          Zwischen dem Spekulativen und dem Pragmatischen

6 Untersicht des Daches
| Roof soffit
7 Ansicht von Norden
| North entrance
8 Außenansicht
| Exterior view

**Barkow Leibinger mit
| with Werner Sobek Stuttgart
Betriebsrestaurant Firma Trumpf**
Ditzingen, 2008

Frank Barkow & Regine Leibinger          Zwischen dem Spekulativen und dem Pragmatischen

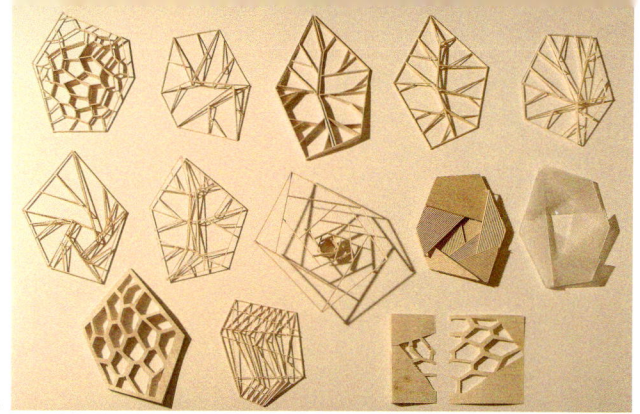

10

11

12

9   Terrasse auf der Südseite
    | South terrace
10  Dachmodule mit unterschiedlichen Funktionen
    | Roof modules with different functions
11  Studie Lichteinfall
    | Light study
12  Innenraum ohne Möblierung
    | Roof and hall, unfurnished

**Die Entwicklung ephemerer Leichtbauten
am Beispiel des DAM-Pavillons
| The DAM Pavilion and the Design of Ephemeral
Lightweight Structures**

Werner Sobek & Wolfgang Sundermann

Temporäre Gebäude für Ausstellungen und Messen, für Kultur- oder Sportveranstaltungen erlauben das verantwortete Experimentieren und damit die bewusste Überschreitung derjenigen Grenzen, welche die durch viele Regeln und Normen charakterisierte Sphäre der »anerkannten Regeln der Baukunst« von den Gebieten des Noch-nicht-Entdeckten, des Noch-nicht-Gesehenen trennt. Da die genannten Gebäudetypen nur für einen beschränkten Zeitraum eingesetzt werden, können andere, häufig niedrigere Lastannahmen verwendet werden. Eine beschränkte Einsatzdauer erlaubt zudem, den Aspekt der Dauerhaftigkeit, beispielsweise also Korrosionsbeständigkeit, Farbbeständigkeit et cetera, anders zu bewerten. Das »Ausprobieren« wird hierdurch ebenso wie durch den häufig anzutreffenden Bauherrenwunsch nach »neuen Lösungen« – nach Konzepten, die in viel deutlicherer Form Bilder und Stimmungen transportieren als dies bei konventionellen Gebäuden machbar oder anzuraten ist – erleichtert, ja häufig sogar eingefordert. Das Planen und Bauen von temporären Gebäuden wird also zur großen Chance – gleichzeitig wird es durch die Forderung nach nachhaltigem Bauen zur Herausforderung: Schließlich sind spätestens jetzt die typischen »Wegwerflösungen« des traditionellen Messebaus nicht mehr zulässig. Die Forderung nach Minimierung der eingesetzten Materialien und nach vollständiger Wiederverwertbarkeit der eingesetzten Baustoffe wird nun zu einer wesentlichen Rahmenbedingung für Entwurf und Konstruktion. Temporäres Bauen wird zum ephemeren Bauen: Das nur für kurze Zeit Bestehende muss sich nach seinem Abbau problemlos in die Umwelt zurückführen lassen.

Die Entwicklung des DAM-Pavillons ist ein schönes Beispiel für die Chancen, die sich beim Entwerfen von ephemeren Gebäuden, von Ausstellungspavillons ergeben. Noch mehr als sonst üblich – oder zumindest mehr, als gemeinhin einzufordern möglich ist – wird interdisziplinäres Planen a priori zur Voraussetzung für den Erfolg. Die Entwicklung des DAM-Pavillons ist zudem ein gutes Beispiel für die Art und Weise der Kooperation zwischen den Architekten Barkow Leibinger und dem Team um den Ingenieur Werner Sobek. Wie bei den anderen gemeinsam entwickelten Gebäuden war die Zusammenarbeit »von der ersten Minute an« auch beim DAM-Pavillon selbstverständlich. Hinzu kamen von Beginn an produktions- und montagetechnische Überlegungen, Studien zum energetischen Verhalten sowie zur Bauweise und – damit zusammenhängend – zum Rezyklierverhalten. Das begrenzte Budget tat ein übriges: Die aus architektonischen Erwägungen entwickelte biomorphe Geometrie benötigte eine tragende Struktur und eine raumabschließende Hülle, die sich trotz ihrer unregelmäßigen doppelten Krümmung im gegebenen Kostenrahmen realisieren ließen.

Temporary structures for exhibitions and tradeshows for cultural or sporting events make studied experimentation possible. They allow for the conscious transgression of those borders that separate, via many rules and norms, the characteristic sphere of the "recognized rules of architecture," from the realms of the not-yet-discovered, of the not-yet-seen. Since these particular types of structures are only used for a limited period of time, other (frequently lighter) design loads can be used. A limited period of use also makes possible a different approach to various aspects of durability, such as corrosion resistance, colorfastness, and so on. Temporary structures, thus, make it easier to experiment; this is further helped by the frequently encountered desire of clients to arrive at "new solutions," at concepts that communicate images and moods much more clearly than is possible or advised with conventional buildings. Thus, the planning and constructing of temporary structures is simultaneously a big chance and a new challenge, given the demand for sustainable building. "Throw away solutions" of traditional exhibition structures are no longer acceptable. Demands for minimizing the materials used and for full recyclability of applied building materials become essential factors underlying design and construction. Temporary structures become ephemeral structures: It must be possible to easily cycle back into the environment what only exists for a short time.

The DAM Pavilion is an appealing example of the opportunities that present themselves in designing ephemeral structures. Even more than usual—or at least, more than is generally possible to call for—interdisciplinary planning becomes a prerequisite for success. Moreover, the designing of the DAM Pavilion is a fine example of the kind of cooperation that exists between the architects at Barkow Leibinger and the engineering team surrounding Werner Sobek. As with other buildings they jointly designed, collaborating on the DAM Pavilion "from the first moment" was a natural choice. From the start, shared approaches to production and technical assembly were understood. Studies on energy behavior, construction methods and, consequently, recycling behavior were added from the beginning. The limited budget presented a typical issue—the architecturally envisioned biomorphic geometry required a structural support and a space-enclosing shell that, despite its irregular double-curved shape, could be realized within the given budget.

1   Werner Sobek, Altardach für Papst Benedikt XVI., München, 2006
    | Werner Sobek, Altar canopy for Benedict XVI, Munich, 2006
2   Carsten Nicolai, LIN Finn Geipel, Giulia Andi und Werner Sobek,
    Raumskulptur *syn chron,* Neue Nationalgalerie, Berlin, 2005
    | Carsten Nicolai, LIN Finn Geipel, Giulia Andi and Werner Sobek,
     sculpture *syn chron,* Neue Nationalgalerie, Berlin, 2005

Werner Sobek & Wolfgang Sundermann          Die Entwicklung ephemerer Leichtbauten am Beispiel des DAM-Pavillons

In der zwischen den Teams eingeübten Arbeitsweise wurden Lösungen entwickelt, welche die Herstellung einer leicht montierbaren Gitterschale ermöglichten. Die radial angeordneten Haupttragrohre haben hierbei einen Durchmesser von lediglich achtzig Millimetern bei einer Stablänge von bis zu fünfzehn Metern. Zur Stabilisierung der einzelnen, bis zu sieben Meter hohen Bogen wurde eine in Diagonalrichtung verlaufende Schar von dreißig Millimeter starken Rohren angeordnet, deren Verbindung mit den Haupttragrohren mithilfe einer speziell entwickelten, schnell montierbaren und gleichzeitig toleranzflexiblen Schellenlösung erfolgt. In den statischen Berechnungen wurden die für die Beanspruchung der Bogen maßgeblichen Windbelastungen mit ihren über den gesamten Umfang unterschiedlichen Druck- und Sogbeanspruchungen digital simuliert. Zur Gewichtsminimierung wurden die Wandstärken der Rohre je nach Höhe der Beanspruchung abgestuft. Damit ergab sich schließlich eine gesamte Stahltonnage von circa zwanzig Tonnen, was ein auf die Innenfläche des Pavillons bezogenes Flächengewicht von nur 74 kg/m² bedeutet – ein beachtlich niedriger Wert in Anbetracht der teils deutlich überhängenden Bogen. Als Gründung des Pavillons dient eine Stahlbeton-Bodenplatte, die aus quadratischen, miteinander verknüpften Fertigteilen besteht. Die Verbindung der einzelnen Bogen mit der Bodenplatte erfolgt über speziell entwickelte Stahleinbauteile. Diese Einbauteile haben eine drehbare Sockelplatte, sodass sie sich den unterschiedlichen Anschlusswinkeln der einzelnen Bogen automatisch anpassen können.

Putting their joint working experience to use, the teams developed solutions for producing a lattice shell that could be easily assembled. Here, the radially arranged main bearing tubes, up to fifteen meters in length, have a diameter of only eighty millimeters. For stability, bands of thirty-millimeter-thick tubes were installed diagonally across the arcs, which are up to seven meters tall. These bands were attached to the main bearing tubes by means of a specially developed, quickly installable clamp that could accommodate a range of tolerances. Relevant wind loads on the arcs were digitally simulated, taking into consideration various pressure and suction scenarios over the entire length of the arcs. In order to minimize weight, the wall strength of each tube was graduated according to the amount of load. Ultimately, the total weight of steel used was approximately twenty tons, which corresponds to a surface weight of only seventy-four kilograms per square meter of roofed surface—an impressively low value given the arcs, which are partly, distinctly, overhanging. A reinforced concrete floor plate served as the pavilion foundation; it consisted of square, interlocking pre-fabricated sections. The individual arcs were attached to the floor plate with specially designed steel mounting parts featuring a pivotable socket plate that automatically adjusted to the varying connection angles of the individual arcs.

Initially, the space-enclosing shell of the pavilion was to be constructed of multiple shingles made out of Makrolon. Based on various analyses of the structural geometry, all shingles were to be 1.2 x 1.2 meters in dimension. The limited shingle size made it comparatively easy to bend the shingles along a single axis in approximating the curvature of the surface. Due to cost limitations, the shingles were to be simply affixed to the underlying lattice shell. Here, the team developed fastener points incorporating elements from surfing. To minimize the overheating of the pavilion by intense sunrays, some of the shingles were to be imprinted. Moreover, ventilation and exhaust openings along the bottom edge, above, and near the "apex" of the lattice shell provided sufficient ventilation for the exhibition space. Covering the roof area with flexible CIS thin-film solar cells provided not only another source of shading, but also made it possible to capture enough energy to meet the needs of the pavilion.

As an alternative to the shingle solution, the team came up with a design for a shell made from a single layer of ETFE-plastic foil that would have provided an extremely lightweight and uniform covering for the pavilion. However, the constructional difficulty in spanning the foil between the individual arcs, as well as the cost-intensive individual cuts adapted to the spatial warping of the structure, proved disadvantageous.

The structural support described above as well as the solutions devised for the building shell make it possible to assemble the pavilion in only three weeks. Dismantling would even be possible within five days. To be emphasized, however, are not only the short time frames for assembly and dismantling, but also the pavilion's strong reverse-constructability: It can be sorted into its basic components which, in their turn, can be reused without difficulty—an innovative solution that takes into account the principle of recyclability as a self-evident requirement for design and planning work.

Die raumabschließende Hülle des Pavillons sollte zunächst aus einer Vielzahl von Schindeln aus Makrolon bestehen. Alle Schindeln sollten nach Auswertung verschiedener Geometriestudien Abmessungen von 1,2 mal 1,2 Metern haben. Durch die beschränkte Größe der Schindeln wurde eine Approximation der gekrümmten Oberfläche auch durch einachsige Biegung der Schindeln vergleichsweise einfach möglich. Aus Kostengründen sollten die Schindeln unkompliziert an der darunterliegenden Gitterschale zu befestigen sein. Hierzu wurden Punktbefestigungen entwickelt, bei denen sich das Team unter anderem bei Elementen aus dem Surfsport bediente. Um eine Überhitzung des Pavillons bei intensiver Sonneneinstrahlung zu vermeiden, sollte ein Teil der Schindeln bedruckt werden. Darüber hinaus sorgten Be- und Entlüftungsöffnungen am unteren Rand, im oberen Bereich und im Bereich des »Firstes« der Gitterschale für eine hinreichende Durchlüftung des Ausstellungsraums. Eine Abdeckung des Dachbereichs mit flexiblen CIS-Dünnschicht-Solarzellen erbrachte nicht nur eine weitere Schattierung, sondern ermöglichte auch die Gewinnung von elektrischer Energie zur autarken Energieversorgung des Pavillons.

Alternativ zur Schindellösung wurde eine Hülle aus einer einlagigen ETFE-Kunststofffolie entwickelt, die eine extrem leichte und gleichmäßige Eindeckung für den Pavillon ermöglicht hätte. Als Nachteil erwies sich hierbei allerdings die konstruktiv schwer umsetzbare Vorspannung der Folie zwischen den einzelnen Bogen sowie der aufgrund der räumlichen Verwindung erforderliche individuelle und kostenintensive Zuschnitt der einzelnen Bahnen.

Die oben beschriebene tragende Struktur und die beiden ausgearbeiteten Lösungen für die Gebäudehülle erlauben eine Montage des Pavillons in nur drei Wochen. Eine Demontage wäre sogar innerhalb von nur fünf Tagen möglich. Hervorzuheben sind allerdings nicht nur die kurzen Zeiträume für Auf- und Abbau, sondern auch die gute Rückbaubarkeit des Pavillons: Er kann in sortenreine Ausgangsprodukte zerlegt und so problemlos wiederverwertet werden – eine innovative Lösung, die das Prinzip der Nachhaltigkeit als selbstredende Voraussetzung für die Entwurfs- und Planungsarbeit ansieht.

**Dank | Acknowledgments**

Für die freundliche Unterstützung des Projektes DAM-Pavillon im Jahre 2008 bedankt sich das Deutsche Architekturmuseum bei:
| The Deutsche Architekturmuseum would like to thank the following contributors for their kind support of the 2008 DAM Pavilion project:

**Barkow Leibinger, Berlin**
Architekten | Architects
**Bayer Sheet Europe, Darmstadt**
Planung Hülle | Shell design
**Beton Kemmler, Tübingen**
Planung Bodenplatte | Concrete slabs planning
**Hans Börner, Bad Nauheim**
Planung Aufbau Hülle | Shell assembly planning
**BPR Dr. Bernhard Schäpertöns & Partner, München | Munich**
Prüfstatik | Supervision of calculations
**Christian Brensing, Berlin**
DAM Projektleitung und Fundraising
| DAM project leader and fundraising
**Drees & Sommer Frankfurt, Frankfurt am Main**
Projektleitung | Project administration
**Europäische Zentralbank, Frankfurt am Main**
Unterstützung | Sponsorship
**Gardeners, Frankfurt am Main**
Grafik | Graphic design
**Grandjean & Kollegen, Frankfurt am Main**
Vermessung Bauplatz | Site surveying
**hhpberlin Ingenieurgesellschaft für Brandschutz, Berlin**
Planung Brandschutz | Fire prevention planning
**Jazzunique, Frankfurt am Main**
Konzept Events | Events concept
**Jurke, Gera**
Planung Küche | Kitchen design
**Mänz + Krauss Ausbau, Berlin**
Planung Aufbau | Construction planning
**Museum für Angewandte Kunst, Frankfurt am Main**
Unterstützung | Support
**Rosskopf & Partner, Obermehler**
Planung Küche | Kitchen design
**Schad-Hölzel Beratende Ingenieure, Mörfelden-Walldorf**
Planung Elektrotechnik | Electrical engineering planning
**Scholze Ingenieurgesellschaft, Leinfelden-Echterdingen,**
Sanitärplanung | Public health
**Stadt Frankfurt – Hochbauamt, Frankfurt am Main**
Planung | Planning
**Stadt Frankfurt – Bauaufsicht, Frankfurt am Main**
Planung | Planning
**Stadt Frankfurt – Kulturamt, Frankfurt am Main**
Unterstützung | Support
**studio dinnebier, Berlin**
Lichtplanung | Lighting design
**Sunplastics, Elsenfeld**
Planung Fotovoltaik | Photovoltaic system design
**Werner Sobek Stuttgart, Stuttgart**
Tragwerk- und Fassadenplanung
| Structural and façade design
**WSGreenTechnologies, Stuttgart**
Klimaplanung | Mechanical engineering

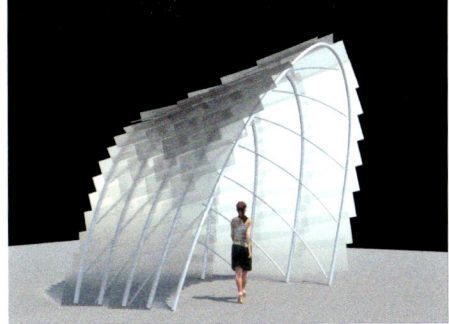

Für den Bau des Mock-up des DAM-Pavillons bedankt
sich das Deutsche Architekturmuseum bei:
| The Deutsche Architekturmuseum would like to thank
  the following participants for their contribution to the
  construction of the DAM Pavilion mockup:

**Barkow Leibinger, Berlin**
Architekten | Architects
**Bayer Sheet Europe, Darmstadt**
Hülle | Shell
**Hans Börner, Bad Nauheim**
Aufbau Hülle | Shell construction
**MBM Konstruktionen, Möckmühl**
Stahl, Stahlverarbeitung, Aufbau
| Steel, steel processing, construction
**3M Deutschland, Neuss**
Klettverbindungen | Snap fasteners
**Werner Sobek Stuttgart, Stuttgart**
Tragwerk- und Fassadenplanung
| Structural and façade design

## Kurzbiografien | Biographies

### Frank Barkow

(\*1957 in Kansas City, Missouri) studierte Architektur an der Montana State University und der Harvard University. Seit 1993 führt er ein gemeinsames Büro mit Regine Leibinger in Berlin. Er lehrte unter anderem an der Architectural Association in London, der Cornell University, der Harvard University und der Staatlichen Akademie der Bildenden Künste in Stuttgart.

| (\*1957 in Kansas City, Missouri) studied Architecture at Montana State University and at Harvard University. Since 1993, he and Regine Leibinger have been leading a joint office in Berlin. Among other teaching positions, Barkow has held the post of visiting Professor at the Architectural Association in London, Cornell University, Harvard University, and at the State Academy of Art and Design in Stuttgart.

### Barry Bergdoll

(\*1955 in Chester, Pennsylvania) ist Philip Johnson Chief Curator für Architektur und Design am Museum of Modern Art in New York und Professor für Geschichte moderner Architektur an der Columbia University. Er hat seinen B. A. und seinen Ph. D. an der Columbia University und seinen M. A. am King's College in Cambridge erworben. Seine weitgefächerten Interessen konzentrieren sich auf die Geschichte der modernen Architektur mit besonderem Schwerpunkt auf Deutschland und Frankreich seit 1800. Bergdoll hat viele der herausragenden Ausstellungen zur Architektur des 19. und 20. Jahrhunderts wie zum Beispiel 2008 *Home Delivery. Fabricating the Modern Dwelling* im MoMA organisiert, kuratiert oder beratend betreut.

| (\*1955 in Chester, Pennsylvania) is the Philip Johnson Chief Curator of Architecture and Design at The Museum of Modern Art and Professor of Modern Architectural History at Columbia University. He holds a B. A. and Ph.D. from Columbia University, and an M. A. from King's College, Cambridge. His broad interests center on modern architectural history, with a particular emphasis on France and Germany since 1800. Bergdoll has organized, curated, and been a consultant on many landmark exhibitions of nineteenth- and twentieth-century architecture, including *Home Delivery: Fabricating the Modern Dwelling* at MoMA (2008).

### Ben van Berkel

(\*1957 in Utrecht, Niederlande) ist Mitbegründer und Leiter von UNStudio. Er studierte Architektur an der Gerrit Rietveld Academie in Amsterdam und an der Architectural Association in London, wo er 1987 ein Diplom mit Auszeichnung erhielt. Im Jahr 1988 gründeten er und Caroline Bos das Van Berkel & Bos Architectuur Bureau in Amsterdam. 1998 gründeten sie ein neues Unternehmen: UNStudio (United Net Studio). UNStudio stellt sich als ein Netzwerk von Spezialisten dar, die sich auf Architektur, Städtebau und Infrastruktur konzentrieren. Ben van Berkel ist gegenwärtig Professor für Architektur an der Städelschule in Frankfurt am Main.

| (\*1957 in Utrecht, the Netherlands) is the co-founder and director of UNStudio. He studied architecture at the Gerrit Rietveld Academy in Amsterdam and at the Architectural Association in London, receiving the AA Diploma with Honours in 1987. In 1988, he and Caroline Bos set up the Van Berkel & Bos Architectuur Bureau in Amsterdam. In 1998, they established a new firm: UNStudio (United Net Studio). UNStudio presents itself as a network of specialists concentrating on architecture, urban development, and infrastructure. Ben van Berkel is currently Professor of Architecture at the Städelschule in Frankfurt am Main.

### Johan Bettum

(\*1962 in Sandefjord, Norwegen) studierte 1987–1993 Architektur an der Architectural Association in London, nachdem er 1981–1985 einen Bachelor of Art mit Hauptfach Biologie an der Princeton University gemacht hatte. An der Schule für Architektur und Design in Oslo war er bis 2001 Forschungsstipendiat und arbeitete an einer Doktorarbeit über Faserverbundwerkstoffe, die 2009 erscheinen wird. Bis zum Jahr 2000 war er Mitglied des Architektennetzwerks OCEAN. 2000 gründete er sein eigenes, experimentelles Büro ArchiGlobe und 2002 gemeinsam mit anderen das Architekturbüro Tupelo in Oslo. Er ist gegenwärtig Professor und Leiter des Aufbaustudiums Architektur an der Städelschule in Frankfurt am Main.

| (\*1962 in Sandefjord, Norway) studied architecture at the Architectural Association School of Architecture in London from 1987 to 1993, after having completed a B.A. with a major in biology at Princeton University from 1981 to 1985. Up to 2001, he was research fellow at the Oslo School of Architecture. His doctoral thesis on fibrous composites is due in 2009. He was a member of the architecture network OCEAN until 2000. In the same year, he founded his own experimental office ArchiGlobe, and in 2002, with others, he co-founded the Tupelo architectural office in Oslo. Johan Bettum is currently Professor and Program Director of the Architecture Class at the Städelschule in Frankfurt am Main.

## Christian Brensing

(*1960 in Bad Ems) studierte 1982–1989 englische Literatur und Kunstgeschichte in England und schloss sein Studium mit einem M. A. am Royal College of Art (RCA) in London ab. 1989–1990 war er wissenschaftlicher Assistent am RCA. 1990–1992 arbeitete er bei Zaha Hadid Architects in London, 1993–2004 bei Ove Arup & Partners Consulting Engineers, London und Berlin, und 2004–2005 bei CBP Consulting Engineers, München. Seit 2006 ist Brensing als freischaffender Berater, Autor und Kurator tätig. Er lebt in Berlin.

| (*1960 in Bad Ems) studied English Literature and Art History in England from 1982 to 1989. He received his M. A. at the Royal College of Art (RCA) in London. He taught as Assistant Lecturer at the RCA from 1989 to 1990. From 1990 to 1992, he worked for Zaha Hadid Architects in London, 1993 to 2004 for Ove Arup & Partners Consulting Engineers in London and Berlin, and 2004 to 2005 for CBP Consulting Engineers in Munich. Since 2006, he has been a freelance consultant, author, and curator. Christian Brensing lives in Berlin.

## Kerstin Bußmann

(*1965 in Marl) studierte 1986–1994 Kunstgeschichte, Kunstpädagogik und Germanistik in Frankfurt am Main. 1999–2000 war sie Mitarbeiterin der Verwaltung der Staatlichen Schlösser und Gärten Hessen und arbeitet seit 1990 als Kunstpädagogin und Kunsthistorikerin am Liebieghaus, Frankfurt am Main. Seit 1994 leitet sie die museumspädagogische Abteilung des Deutschen Ledermuseums. 1996–2002 organisierte sie Bildhauerworkshops und Kulturreisen in Italien. 2008 schloss sie ihre Promotion in Kunstgeschichte bei Prof. Alessandro Nova ab mit dem Thema *Orientalisierende Architektur in Italien. 1800–1940*.

| (*1965 in Marl) studied Art History, Art Education, and German Language and Literature in Frankfurt am Main. From 1999 to 2000, she worked for the Administration of the Public Stately Homes and Gardens in Hessen. Since 1990 she works as art pedagogue and art historian at the Liebieghaus, Frankfurt am Main. Since 1994, she has been leading the Museum Education Department at the German Leather Museum. From 1996 to 2002, she organized sculpture workshops and cultural travels in Italy. In 2008, Kerstin Bussmann received her Ph.D. in Art History (thesis title: *Orientalisierende Architektur in Italien. 1800–1940)* under the supervision of Professor Alessandro Nova.

## Beatriz Colomina

(*1952 in Madrid) ist Professorin für Architektur an der Princeton University und ist Gründungsdirektorin des Studienganges Medien und Moderne. Zu ihren Publikationen gehören: *Domesticity at War* (2007), *Privacy and Publicity. Modern Architecture as Mass Media* (1994), *Sexuality and Space* (1992) und *Architectureproduction* (1988).

| (*1952 in Madrid) is Professor of Architecture and Founding Director of the Program in Media and Modernity at Princeton University. Her publications include *Domesticity at War* (2007), *Privacy and Publicity: Modern Architecture as Mass Media* (1994), *Sexuality and Space* (1992), and *Architectureproduction* (1988).

## Nikolaus Hirsch

(*1964 in Karlsruhe) ist Architekt in Frankfurt am Main und lehrt an der dortigen Städelschule. Zu seinen Arbeiten gehören die preisgekrönte Dresdner Synagoge und das Dokumentationshaus Hinzert. Aktuelle Realisierungsprojekte sind unitednationsplaza in Berlin, European Kunsthalle und Museum Archäologische Zone in Köln und Cybermohalla Hub in Delhi. Nikolaus Hirsch kuratierte *ErsatzStadt. Repräsentationen des Urbanen* an der Volksbühne Berlin (2005) und veröffentlichte die Bücher *On Boundaries* (2007) und *Institution Building* (2009).

| (*1964 in Karlsruhe) is a Frankfurt-based architect who teaches at the Städelschule. His work includes the prize-winning Dresden Synagogue and Document Center of the concentration camp memorial Hinzert. His current projects include the unitednationsplaza, Berlin, the European Kunsthalle and the museum Archäologische Zone in Cologne, and the Cybermohalla Hub in Delhi. In 2005, Nikolaus Hirsch curated *Ersatz Stadt: Repräsentationen des Urbanen* at the Volksbühne Berlin. He has also published the books *On Boundaries* (2007) and *Institution Building* (2009).

## Regine Leibinger

(*1963 in Stuttgart) studierte Architektur in Berlin und an der Harvard University. Seit 1993 führt sie ein gemeinsames Büro mit Frank Barkow in Berlin. Sie lehrte unter anderem an der Architectural Association in London und der Harvard University, seit 2006 ist sie Professorin für Baukonstruktion und Entwerfen an der Technischen Universität Berlin.

| (*1963 in Stuttgart) studied Architecture in Berlin and at Harvard University. Since 1993, she has been leading a joint office with Frank Barkow in Berlin. She has taught at, among other places, the Architectural Association in London and at Harvard University. Since 2006, Regine Leibinger has been Professor of Building Construction and Design at the Technische Universität Berlin.

## Peter Cachola Schmal

(*1960 in Altötting) lebte in Multan (Pakistan), Mülheim an der Ruhr, Jakarta (Indonesien), Holzminden und Baden-Baden. Er studierte Architektur an der Technischen Universität Darmstadt, wo er 1989 sein Diplom machte. 1989 war er Mitarbeiter bei Behnisch & Partner in Stuttgart, 1990–1993 bei Eisenbach & Partner in Zeppelinheim. 1992–1997 war er wissenschaftlicher Mitarbeiter bei Prof. Jo Eisele an der Technischen Universität Darmstadt, 1997–2000 hatte er einen Lehrauftrag für Entwerfen an der Fachhochschule Frankfurt am Main. 2000 wurde er Kurator am Deutschen Architekturmuseum, dessen Direktor er seit 2006 ist. 2007 war er Deutscher Generalkommissar der VII. Internationalen Architekturbiennale São Paulo.

| (*1960 in Altötting) has lived in Multan (Pakistan), Mülheim an der Ruhr, Jakarta (Indonesia), Holzminden, and Baden-Baden. He studied architecture at the Technische Universität Darmstadt and received his Diploma in 1989. In the same year, he worked at Behnisch & Partner in Stuttgart, and from 1990 to 1993 at Eisenbach & Partner in Zeppelinheim. From 1992 to 1997, he was Teaching Assistant to Prof. Jo Eisele at the Technische Universität Darmstadt. From 1997 to 2000, he taught architectural design at the University of Applied Sciences in Frankfurt am Main. In 2000, he was appointed Curator at the Deutsche Architekturmuseum and later became its Director in 2006. In 2007, Peter Cachola Schmal was the German Commissioner for the VII. International Architecture Biennial in São Paulo.

## Werner Sobek

(*1953 in Aalen) studierte 1974–1980 Architektur und Bauingenieurwesen an der Universität Stuttgart, 1980–1987 arbeitete er an seiner Promotion. 1991–1995 war er Professor an der Universität Hannover, seit 1995 an der Universität Stuttgart, 1992 gründete er sein eigenes Ingenieurbüro. Seit 2008 ist er Mies van der Rohe Professor am Illinois Institute of Technology, Chicago, und Präsident der Deutschen Gesellschaft für Nachhaltiges Bauen in Stuttgart.

| (*1953 in Aalen) studied architecture and structural engineering at the University of Stuttgart from 1974 to 1980. From 1980 to 1987, he worked on his Ph.D. From 1991-1995, he taught as Professor at the University of Hanover and since 1995, he has been Professor at the University of Stuttgart. In 1992, he founded his own engineering office. Since 2008, Werner Sobek has been Mies van der Rohe Professor at the Illinois Institute of Technology, Chicago, and President of the Deutsche Gesellschaft für Nachhaltiges Bauen in Stuttgart.

## Wolfgang Sundermann

(*1957 in Wuppertal) studierte 1977–1983 Bauingenieurwesen an der RWTH Aachen, und promovierte 1994 an der Universität Stuttgart. Seit 2004 ist er Mitarbeiter von Werner Sobek in Stuttgart, seit 2008 als Geschäftsführer. Seit 2000 ist er Lehrbeauftragter an der Universität Stuttgart im Fachgebiet Bauen mit Glas.

| (*1957 in Wuppertal) studied structural engineering at the RWTH Aachen University from 1977 to 1983. He received his Ph.D at the University of Stuttgart in 1994. Since 2004, he has been working for Werner Sobek in Stuttgart, and since 2008, been the office's Managing Director. Since 2000, he has been teaching glass construction at the University of Stuttgart.

## Bildnachweis | Image Credits

Sämtliche hier nicht aufgeführten Abbildungen wurden uns entweder freundlicherweise von den Architekten für die Publikation ihrer Projekte in diesem Buch zur Verfügung gestellt oder entstammen dem Fotoarchiv des DAM.

| All photographs not listed here were either kindly made available to us by the architects for the publication of their projects in this book or were taken from the photo archive of the DAM.

15   Bayerische Verwaltung der Staatlichen Schlösser, Gärten und Seen, München | Munich
18   Archives D'Architecture Moderne, Brüssel | Brussels
21   oben | top Dieter Leistner / artur
21   unten | bottom Sverre Fehn
22   Giedion-Archiv, Zürich
25   The Museum of Modern Art, Mies van der Rohe Archive, New York
26   Ezra Stoller, New York
31   oben links | top left Lucien Hervé
31   Mitte | middle Buckminster Fuller Archive, New York
31   unten | bottom Institut für Leichtbau, Entwerfen und Konstruieren, Stuttgart
32   Christian Richters / artur
38   oben | top Kerstin Bußmann
41   Mitte | middle Helmut Hill
42   Mitte | middle Wolfgang Voigt
56   Johan Bettum
67   Dan Graham
68   oben | top The Museum of Modern Art, Mies van der Rohe Archive, New York
68   Mitte | middle The Museum of Modern Art, Mies van der Rohe Archive, New York
68   unten | bottom Dan Graham
75   oben rechts | top right The Museum of Modern Art, Mies van der Rohe Archive, New York
75   Mitte rechts | middle right Coop Himmelb(l)au, Wien
76   Diller + Scofidio, New York
83   Christian Richters
84   Christian Richters
91   Wolfgang Günzel
99   Wolfgang Günzel
106–138 Jonas Leihener
173   oben | top Andrew Manto
173   unten | bottom Tom Harris
174   oben links | top left Sue Barr
176   Zooey Braun
177   David Franck
178   Amy Barkow
179   unten | bottom David Franck
182   oben | top Zooey Braun
182   unten | bottom Christian Gahl

Diese Publikation erscheint anlässlich der Ausstellung **Der Pavillon – Lust und Polemik in der Architektur**, 11. Juli – 20. September 2009, veranstaltet vom Deutschen Architekturmuseum, im Auftrag vom Dezernat Kultur und Wissenschaft, Stadt Frankfurt am Main.
| This catalogue is published in conjunction with the exhibition **The Pavilion—Pleasure and Polemics in Architecture**, July 11 – September 20, 2009, organized by the Deutsches Architekturmuseum, on behalf of the Department of Culture and Science, City of Frankfurt am Main, Germany.

**Kuratoren | Curators**
Peter Cachola Schmal, Johan Bettum

**Gesamtkoordination | General coordination**
Philipp Sturm

**Ausstellungsarchitektur | Exhibition architecture**
Johan Bettum, Lars Nixdorff, Städelschule Architecture Class (SAC) der Staatlichen Hochschule für Bildende Künste – Städelschule, Frankfurt am Main
Barkow Leibinger, Berlin
Teile des Ausstellungsbereichs von Barkow Leibinger wurden vom 27. Februar – 27. März 2009 in der AA Gallery, London gezeigt
| Parts of the exhibition section by Barkow Leibinger have been shown in the AA Gallery, London, February 27 – March 27, 2009

**Ausstellungsdesign | Exhibition design**
Surface Gesellschaft für Gestaltung, Frankfurt am Main, John Russo, Markus Weisbeck
Deserve Raum und Medien Design, Wiesbaden/ Berlin, Mario Lorenz

**Öffentlichkeitsarbeit | Public relations**
Paul Andreas, Stefanie Lampe (DAM), Stefan Unterburger (Städelschule SAC)

**Visuelle Kommunikation | Visual communication**
Gardeners, Frankfurt am Main

**Sekretariat und Verwaltung | Administrative staff**
Inka Plechaty, Jeanette Bolz, Pascale Baier

**Ausstellungsaufbau | Installation of the exhibition**
Christian Walter mit | with Marina Barry, Paolo Brunino, Enrico Hirsekorn, Eike Laeuen, Achim Müller-Rahn, Michael Reiter, Angela Tonner, Detlef Wagner-Walter, Valerian Wolenik

**Leihgeber | Lenders**
Städelschule Architecture Class (SAC) der Staatlichen Hochschule für Bildende Künste – Städelschule, Frankfurt am Main
Barkow Leibinger, Berlin

**Gefördert von | Supported by**
Bayer Sheet Europe, Darmstadt
BPR Dr. Bernhard Schäpertöns & Partner, München | Munich
Deutsche Bank, Frankfurt am Main
Devold AMT AS, Langevåg, Norwegen | Norway
Drees & Sommer Frankfurt, Frankfurt am Main
Hans Börner, Bad Nauheim
Hessische Kulturstiftung, Wiesbaden
MBM Konstruktionen, Möckmühl
s.boehme & co., Frankfurt am Main
3M Deutschland, Neuss

**Publikation | Publication**

**Herausgeber | Editor**
Peter Cachola Schmal

**Redaktion | Editing**
Philipp Sturm

**Verlagslektorat | Copyediting**
Clemens von Lucius (Deutsch | German), Alix Sharma (Englisch | English)

**Übersetzungen | Translations**
Sibylle Luig, Erik Smith

**Grafische Gestaltung | Graphic design**
Surface Gesellschaft für Gestaltung, Frankfurt am Main, John Russo, Markus Weisbeck

**Schrift | Typeface**
Helvetica Neue

**Herstellung | Production**
Ines Sutter, Hatje Cantz

**Reproduktionen | Reproductions**
Cantz Medienmanagement, Hamburg

**Druck | Printing**
sellier druck GmbH, Freising

**Papier | Paper**
LumiArt Gloss, 170 g/m$^2$

**Buchbinderei | Binding**
Conzella Verlagsbuchbinderei, Urban Meister GmbH, Aschheim-Dornach

© 2009 Hatje Cantz Verlag, Ostfildern; Deutsches Architekturmuseum, Frankfurt am Main; und Autoren | and authors

© 2009 für die abgebildeten Werke von | for the reproduced works by Ben van Berkel, Santiago Calatrava, Pierre Jeanneret, Rem Koolhaas, Le Corbusier, Konstantin Melnikov, Ludwig Mies van der Rohe, Gerrit Rietveld, UNStudio: VG Bild-Kunst, Bonn

**Erschienen im | Published by**
Hatje Cantz Verlag
Zeppelinstrasse 32
73760 Ostfildern
Deutschland / Germany
Tel. +49 711 4405-200
Fax +49 711 4405-220
www.hatjecantz.com

Hatje Cantz books are available internationally at selected bookstores. For more information about our distribution partners, please visit our homepage at www.hatjecantz.com.

ISBN 978-3-7757-2494-4

Printed in Germany